公路交通运输与经济发展探究

张守善　李素芬　叶桂馨◎著

北京燕山出版社

BEIJING YANSHAN PRESS

图书在版编目（CIP）数据

公路交通运输与经济发展探究 / 张守善，李素芬，
叶桂馨著.—北京 ： 北京燕山出版社，2023.7
ISBN 978-7-5402-6962-3

Ⅰ．①公… Ⅱ．①张… ②李… ③叶… Ⅲ．①公路运
输发展－研究－中国 Ⅳ．①F542.3

中国国家版本馆 CIP 数据核字（2023）第 103248 号

公路交通运输与经济发展探究

作　　者　张守善　李素芬　叶桂馨
责任编辑　李　涛
出版发行　北京燕山出版社有限公司
社　　址　北京市西城区椿树街道琉璃厂西街20号
电　　话　010-65240430
邮　　编　100052
印　　刷　北京四海锦诚印刷技术有限公司
开　　本　787mm×1092mm　1/16
字　　数　213千字
印　　张　12
版　　次　2023 年 7 月第 1 版
印　　次　2023 年 7 月第 1 次印刷
定　　价　72.00 元

作者简介

张守善，男，1974年10月出生，山东青岛莱西人，毕业于济南交通高等专科学校，函授本科，高级经济师职称，现就职于莱西市交通运输局，任莱西市道路运输发展中心副主任。研究方向为公路运输经济。出版《运输经济学与公路运输组织学研究》国际专著一部，发表论文数篇。

李素芬，女，1975年2月出生，山东郯城人。1997年7月毕业于山东省交通学校汽车运用工程专业，2009年1月山东交通学院交通运输专业本科毕业。现工作于临沂市交通运输局罗庄交通发展服务中心，本科学历，经济师职称。主要研究方向为运输经济。先后撰写了《解读大数据在交通运输中的应用与发展》《论市场经济条件下如何做好交通运输经济管理》《公路运输经济面临的问题及应对策略》等多篇论文，获得了一项"一种交通运输用防撞护栏"实用新型专利。多次荣获临沂市交通运输局罗庄分局"先进个人"；2021年度荣获"罗庄区文明城市创建工作先进个人"。

叶桂馨，女，山东临沂莒南人，本科毕业于山东经济学院会计学专业，现就职于莒南县交通运输局，从事交通运输营运管理方面的工作。工作中积极学习、努力钻研，深入分析研究新时代背景下交通运输经济发展特点及存在的问题。先后在《中国科技投资》《中国房地产业》等刊物上发表多篇专业技术论文。由于工作成绩突出，多次荣获先进工作者、优秀共产党员等县级以上荣誉称号。现主要研究方向是公路运输经济发展管理模式及创新。

前　言

改革开放以来，我国在交通运输基础设施领域进行了大规模、高强度、持续性的投资，构建了全球最庞大的综合交通运输系统，成为世界领先的交通运输大国。这是改革开放 40 多年最显著、最成功、最具时代感的象征，也是世界交通运输发展史上绝无仅有的现象。发展不仅彻底改变了之前的交通运输形态，而且成了带动中国经济高速发展的引擎，极大地改善了中国经济社会发展和人民生活状况，加速推进我国站在世界政治经济前沿。交通运输发展为我国经济高速增长和社会均衡发展、为实施协调区域发展和参与经济全球化提供了基础结构，成为我国 21 世纪中叶建成社会主义现代化强国和实现中华民族伟大复兴的战略前提，旗帜鲜明地展示了中国道路自信。

公路交通与社会经济之间相互作用、相互影响，构成了一个反馈系统。公路交通通过直接或间接方式影响经济发展状况。公路交通自身良好的企业文化有利于为经济发展提供良好的"软件"支持；公路交通投资增加，产生投资乘数效应，带动相关产业的发展和增加就业岗位，从而带动区域经济增长等良性效果。同时加强了区域产业的集聚和扩散效益，从而带动区域经济水平提高。区域经济水平的提高会促进企业文化水平的深度开发，同时经济水平的发展一定程度上会带动公路交通相关技术和管理方式的提高，管理制度的完善，改善公路交通的服务质量，从而形成公路交通与经济系统之间的良性循环。

公路交通运输经济也是国民经济的重要组成部分，是社会生产、分配、交换和消费有机结合的载体，公路交通运输发展对国民经济和社会的和谐与稳定都有很重要的现实意义。本书从公路交通运输的业务内容出发，论述了发展现代交通运输的重要意义及在此基础上对公路运输的经济应用，并分析了高速公路规划建设与社会经济发展的关系，然后从交通运输经济的角度出发论述了运输的供需关系，最后探讨了交通运输的可持续发展。本书可为公路交通运输管理规划和交通运输经济研究的人员提供参考。

由于时间较紧，且撰写任务繁重，加上作者水平有限，本书中的错误与不妥之处在所难免，希望读者多提宝贵意见，以便日后做出调整。

目　　录

第 一 章
公路交通运输的基础理论

第一节　公路运输概论

一、公路运输的特点

公路运输是在公路上运送旅客和货物的运输方式，是 19 世纪末随着汽车制造技术的发展和道路状况的改善而产生的，初期主要承担短途运输业务。20 世纪 20 年代，基于汽车工业的发展和公路里程的增加，公路运输走向发展的阶段，不但是短途运输的主力，而且进入了长途运输的领域。20 世纪 50 年代后，公路运输发展迅速，很多国家建成比较发达的公路网，汽车工业又提供了雄厚的物质基础，促使公路运输在运输业跃至主导地位。公路运输有以下五个主要特点：

（一）分布面广，适应性强

公路运输网一般比铁路、水路网的密度要大十几倍，分布面也广，因此公路运输车辆可以"无处不到、无时不有"。公路运输在时间方面的机动性比较大，车辆可随时调度、装运，各环节之间的衔接时间较短。尤其是公路运输对客货运量的多少具有很强的适应性，汽车的载重吨位有小有大，既可以单个车辆独立运输，也可以由若干车辆组成车队同时运输，这一点对抢险、救灾工作和军事运输具有特别重要的意义。

（二）可实现"门到门"直达运输

由于汽车体积较小，中途一般也不需要换装，除了可沿分布较广的路网运行外，还可离开路网深入工厂企业、农村田间、城市居民住宅等地，即可以把旅客和货物从始发地门口直接运送到目的地门口，实现"门到门"直达运输——这是其他运输方式无法与公路运输比拟的特点之一。

（三）在中短途运输中，运送速度较快

在中短途运输中，公路运输可以实现"门到门"直达运输，中途不需要倒运、转乘就可以直接将客货运达目的地，因此，与其他运输方式相比，其客货在途时间较短，运送速度较快。公路的经济里程为 500 km 以内。

（四）运量较小，运输成本较高

世界上最大的汽车仍比火车、轮船小得多；汽车载重量小，行驶阻力比铁路大 9～14 倍，所消耗的燃料又是价格较高的液体汽油或柴油，因此，除了航空运输外，汽车运输成本是最高的。

（五）污染严重

公路运输在提供便利的同时也带来了大气污染、噪声污染、光污染和水污染等问题。

二、当代公路运输发展的主要趋势

（一）干线公路高等级化

交通量的密集化以及汽车数量和载重量的增长，必然要求干线公路由量的增加发展到质的提高，因而干线公路高等级化就成为当今世界公路建设的基本趋势。许多发展中国家在 20 世纪 70 年代以后也纷纷开始建设高速公路。

（二）汽车运输高效化

为改善运输装备，提高运输效率和效益，汽车运输向着高效化的方向发展，如在货运方面发展大型拖挂车和专用车。目前，各主要发达国家拖挂运输所完成的货物周转量占全路货运总周转量的 40%～80%。拖挂车运输发展迅速的主要原因是其运载量大、油耗低、运输成本低。以专用汽车代替普通栏板式卡车也是汽车运输业进步的重要标志，专用车的主要优势包括：安全可靠、运输质量好、货物不易变质和损坏降低或取消包装费用；缩短货物装卸时间，运输效率提高。专用车在发达国家载货汽车保有量中占很大比重。

（三）公路运输向智能化发展

智能运输系统简称 ITS，是将先进的信息技术、数据通信传输技术、电子控制技术及

计算机处理技术等综合运用于整个地面运输管理体系，使人、车、路及环境密切配合、和谐统一，使汽车运行智能化，从而建立一种在大范围内全方位发挥作用的实时、准确、高效的公路运输综合管理系统。

智能运输系统可提高公路运输安全水平，减少交通堵塞，提高公路网的通行能力，降低汽车运输对环境的污染，提高汽车运输生产率和经济效益。随着智能运输系统技术的发展，电子技术、信息技术、通信技术和系统工程等高科技技术在公路运输领域将得到广泛应用，物流运输信息管理技术、运输工具控制技术、运输安全技术等均将产生巨大的飞跃，从而大幅提高公路网的通行能力。

（四）公路货运将向快速、长途、重载方向发展

随着区域经济的发展以及公路基础设施和车辆的不断改进，中长距离公路运输需求增加，公路货运向快速、长途、重载方向发展。大吨位、重型专用运输车因高速安全、单位运输成本低而成为我国未来公路运输车辆的主力。专用车产品向重型化、专用功能强、技术含量高的方向发展。厢式运输车、罐式运输车、半挂汽车列车、集装箱专用运输车、大吨位柴油车及危险品、鲜活、冷藏等专用运输车辆将围绕提高运输效率、降低能耗、确保运输安全的目标发展。

第二节　公路运输的基本条件

从 20 世纪 80 年代开始，随着改革开放的推进和经济的快速增长，我国公路的客货运输水平都有了很大提高。在货物运输和旅客运输的过程中，对货物运输种类、办理条件，旅客乘车条件、行李包裹运送条件都有明确的规定。

一、公路货物运输种类及其办理条件

公路货物运输可以依据不同的标准进行划分，按照运输组织方法、运输条件、运输速度、运输车辆、经营方式、运输方式的多少等进行不同的分类，对于不同种类的货物运输，都有相应的办理条件。

（一）按运输组织方法分类

分为零担货物运输、整批货物运输和集装箱运输三类。

1. 托运人一次托运货物计费重量 3 t 及以下的，为零担货物运输。

2. 托运人一次托运货物计费重量 3 t 以上或虽不足 3 t 但其性质、体积、形状需要一辆汽车运输的，为整批货物运输。

3. 采用集装箱为容器、使用汽车运输的，为集装箱运输。集装箱运输又有以下分类方法：

（1）国际集装箱运输和国内集装箱运输。

（2）标准集装箱运输和非标准集装箱运输。

（3）普通集装箱运输和特种集装箱运输（危险、冷藏保温和罐式集装箱运输等）。

（4）整箱运输和拼箱运输。

（5）用托运人的集装箱进行的运输和用承运人的集装箱进行的运输。

（6）用单车形式车辆进行的集装箱运输和用牵引车加挂半挂车的列车组合形式进行的集装箱运输。

（二）按运输条件分类

一般分为普通货物运输和特种货物运输。特种货物运输又可以分为：

1. 大型特型笨重物件运输。因货物的体积、重量的要求，需要大型或专用汽车运输的，为大型特型笨重物件运输。

2. 危险货物运输。

3. 鲜活货物运输。包括易腐货物、活动物和有生命植物等的运输，其运输条件主要如下：

（1）托运需要冷藏保温的货物，托运人应提出货物的冷藏温度和在一定时间内的保持温度要求。

（2）托运鲜活货物，托运人应提供最长运输期限及途中管理、照料事宜的说明书。货物允许的最长运输期限应大于汽车运输能够达到的期限。

（3）运输途中有需要饲养、照料的有生命的动物、植物，托运人必须派人押运。

（三）按运输速度分类

可分为普通货物运输和快件货物运输。要求在规定的时间内将货物运达目的地的，为快件货物运输。

（四）按运输车辆分类

可分为普通车辆运输和特种车辆运输。

凡出于货物性质、体积或重量的要求，需要大型汽车或挂车（核定载重吨位为 40 t 及以上的）以及容罐车、冷藏车、保温车等车辆运输的，为特种车辆运输。

（五）按经营方式分类

1. 公共货物运输，是以整个社会为服务对象的专业性公路货物运输，其经营方式主要有定期定线运输、定线不定期运输、定区不定期运输。还有出租汽车货运和搬家货物运输。

2. 契约货物运输，是指按照承托双方签订的运输契约进行货物运输。

3. 自用货物运输。

4. 汽车货运代理经营的货物运输。

（六）按运输方式的多少分类

可分为单一方式运输和公路参加的多式联运。

（七）按货物装卸责任分类

由托运人或收货人自理（或负责）装卸车的货物运输和由承运人负责装卸车的货物运输。

（八）按货物是否参加了保价运输或运输保险分类

货物保价运输、货物保险运输和既未保价也未保险的货物运输。

二、公路旅客乘车条件

公路运输是我国中短途旅客运输的主力军，为维护公路旅客运输市场秩序，保障公路旅客运输安全，保护旅客和经营者的合法权益，对旅客乘车条件、旅客携带物品等方面有明确的规定。

（一）公路旅客乘车条件

1. 持有效客票乘车。

2. 维护乘车秩序，遵守公路规章，遵守社会公德。

3. 接受车站值勤人员对危险品的检查。

4. 成人及 14 岁以上儿童须购全票，年满 6 周岁且未满 14 周岁的儿童可购买儿童优惠票。

5. 以下旅客不准乘车：

（1）不遵守汽车客运规章并不听劝告者。

（2）精神失常无人护送或虽有人护送仍可能危及其他旅客安全者。

（3）恶性传染病患者。

（二）违反公路旅客乘车条件的处理

1. 旅客无票或持无效客票、不符合规定的客票乘车，除补收始发站至到达站全程客票价款外，处以 100% 的罚款。

2. 旅客在小件物品或行包中藏匿危险品或其他禁运物品进站、上车或办理寄存、托运，按下列规定处理：

（1）未造成危害和损失的，没收其携带的全部危险品和禁运物品并视情节轻重处以 30 元以下罚款。

（2）已造成危害和损失的，除移交公安、司法机关追究治安、刑事责任外，还应赔偿全部经济损失。

（三）公路旅客携带物品的规定

1. 免费携带的物品

每一张全票（含残疾军人票）免费 10 kg，每一张儿童票免费 5 kg；体积不能超过 0.02 m³，长度不能超过 1.8 m。超过规定时，其超过部分按行包收费；占用座位时，按实际占用座位数购票。

2. 不能携带的物品

（1）易燃、易爆等危险品。

（2）有可能损坏、污染车辆和有碍其他旅客安全的物品。

（3）动物（另有规定的除外）。

（4）有刺激性异味的物品。

（5）尸体、尸骨。

（6）法律和政府规定的禁运物品。

3. 限量携带的物品

在保证安全、卫生的条件下，乘坐城乡公共汽车和普客班车的每名旅客可携带少数的雏禽或小型成禽乘车，但须装入容器，具体数量由各省级交通主管部门规定。

三、公路行李包裹运送的基本要求

我国旅客出行携带的行李一般较多，这是我国旅客运输的一个重要特点，因此要对公路运输过程中行李包裹的范围和运送条件进行相关规定。

（一）公路行李包裹的范围

1. 每名旅客随车托运行李包裹（简称行包）总重量一般不能超过 40 kg。行包单件重量不得超过 30 kg，体积不得超过 0.12 m^3。

2. 危险品及政府禁运物品不得夹入行包中托运。

（二）公路行李包裹运送的基本要求

1. 行包要包装严密，捆扎牢固，标志明显，适宜装卸。

2. 托运限运物品应持有关证明。

3. 机密文件、贵重物品、易碎品、易污品、武器、精密仪器、有价证券等物品须旅客自行携带看管。

4. 旅客自行携带看管的物品超过规定重量和体积的为自理行包，按行包计费，如占用座位，须按占用座位数购买车票。

第三节　公路货物运输业务

公路运输主要承担中短途的货物运输，对铁路、水运、空运起着货物集散的作用。公路货物运输合同规定托运方和承运方的权利义务关系，公路货物运输合同的订立、履行、变更、解除贯穿货物运输的整个过程，是货物运输的保证。按照运输组织方法不同，可以分为公路整车货物运输、公路零担货物运输、公路集装箱运输，每一类运输组织方法都有相应的工作程序。

一、公路货物运输合同

公路货物运输合同是指国内经营公路货物运输的企业与其他企业、农村经济组织、国家机关、事业单位、社会团体等法人之间以及个人或联户之间，为了实现特定货物运输任务而明确相互权利义务关系的协议，要求托运货物的一方称为托运方，承接货物运输任务的一方称为承运方。公路货物运输合同的主体资格包括：公路货物运输企业及其他企业、农村经济组织、国家机关、事业单位、社会团体等法人、其他经济组织及个体工商户、农村承包经营户。

（一）公路货物运输合同的内容

1. 货物的名称、性质、体积、数量及包装标准。

2. 货物起运和到达地点、运距，托运人、收货人的名称及详细地址。

3. 运输质量及安全要求。

4. 货物装卸责任和方法。

5. 货物的交接手续。

6. 批量货物运输起止日期。

7. 年、季、月度合同的运输计划（文书、表式、电报）提送期限和运输计划的最大限量。

8. 运杂费计算标准及结算方式。

9. 变更、解除合同的期限。

10. 违约责任。

11. 双方商定的其他条款。

（二）公路货物运输期限

承运中的一项重要条款是运输期限，通常由托运人、承运人双方共同商定。承运人负责装卸时，运输期限从装车时间开始至货物运到指定地点卸载完毕止；托运人负责装卸时，运输期限从货物装载完毕开始至车辆到达指定卸货地点为止。若公路货物运输合同中未约定运输期限，则从起运日起，按 200 km 为一日运距。

（三）公路货物运输合同的订立

承运是公路货物运输合同订立的重要标志，它是指承运人对托运人托运的货物进行检查后，认为与托运人申报的内容相符，予以接收货物、签发运单的一种行为。

1. 货物的托运

（1）托运货物时运单的填写要求

①准确表明托运人和收货人的名称（姓名）和地址（住所）、电话、邮政编码。

②准确表明货物的名称、性质、件数、重量、体积以及包装方式。

③准确表明运单中的其他有关事项。

④一张运单托运的货物，必须是同一托运人、收货人。

⑤危险货物与普通货物以及性质相互抵触的货物不能用一张运单。

⑥托运人要求自行装卸的货物，经承运人确认后，在运单内注明。

⑦应使用钢笔或圆珠笔填写，字迹清楚，内容准确，需要更改时，必须在更改处签字盖章。

（2）托运货物时的有关注意事项

①托运的货物品种不能在一张运单内逐一填写的，应填写"货物清单"。

②托运货物的名称、性质、件数、质量、体积、包装方式等，应与运单记载的内容相符。

③按照国家有关部门规定须办理准运或审批、检验等手续的货物，托运人托运时应将准运证或审批文件提交承运人，并随货同行。托运人委托承运人向收货人代递有关文件时，应在运单中注明文件名称和份数。

④托运的货物中，不得夹带危险货物、贵重货物、鲜活货物和其他易腐货物、易污染货物、货币、有价证券以及政府禁止或限制运输的货物等。

⑤托运货物的包装，应当按照承托双方约定的方式包装。对包装方式没有约定或者约定不明确的，可以协议补充；不能达成补充协议的，按照通用的方式包装，没有通用方式的，应在足以保证运输、搬运装卸作业安全和货物完好的原则下进行包装。依法应当执行特殊包装标准的，按照规定执行。

⑥托运人应根据货物性质和运输要求，按照国家规定，正确使用运输标志和包装储运图示标志。使用旧包装运输货物，托运人应将包装上与本批货物无关的运输标志、包装储运图示标志清除干净，并重新标明制作标志。

⑦整批货物运输时，散装、无包装和不成件的货物按重量托运；有包装、成件的货物，托运人能按件点交的，可按件托运，不计件内细数。

（3）货物押运的有关规定

①运输途中需要饲养、照料的有生物、植物，尖端精密产品、稀有珍贵物品、文物、军械弹药、有价证券、重要票证和货币等，托运人必须派人押运。大型特型笨重物件、危险货物、贵重和个人搬家物品，是否派人押运，由承托双方根据实际情况约定，除上述规定的货物外，托运人要求押运时，须经承运人同意。

②需要派人押运的货物，托运人在办理货物托运手续时，应在运单上注明押运人员姓名及必要的情况。押运人员每车一人，托运人须增派押运人员，在符合安全规定的前提下，征得承运人的同意，可适当增加。押运人员须遵守运输和安全规定。

③押运人员在运输过程中负责货物的照料、保管和交接；如发现货物出现异常情况，

应及时做出处理并告知车辆驾驶人员。

2. 货物的受理

承运人受理托运人托运的货物时，应遵守如下规定：

（1）承运人受理凭证运输或需要有关审批、检验证明文件的货物后，应当在有关文件上注明已托运货物的数量、运输日期，加盖承运章，并随货同行，以备查验。

（2）承运人受理整批或零担货物时，应根据运单记载货物名称、数量、包装方式等，核对无误，方可办理交接手续。发现与运单填写不符或可能危及运输安全的，不得办理交接手续。

（3）承运人应当根据受理货物的情况，合理安排运输车辆，货物装载重量以车辆额定吨位为限，轻泡货物以折算重量装载，不得超过车辆额定吨位和有关长、宽、高的装载规定。

（4）承运人应与托运人约定运输路线。起运前运输路线发生变化必须通知托运人，并按最后确定的路线运输。承运人未按约定的路线运输而增加的运输费用，托运人或收货人可以拒绝支付。

（5）货物运输中，在与承运人非隶属关系的货运站场进行货物仓储、装卸作业，承运人应与站场经营人签订作业合同。

（6）运输期限由承托双方共同约定后应在运单上注明。承运人应在约定的时间内将货物运达。零担货物按批准的班期时限运达，快件货物按规定的期限运达。

3. 货物的交接

承、托双方应履行交接手续，包装货物采取件交件收；集装箱重箱及其他施封的货物凭封志交接；散装货物原则上要磅交磅收或采用承托双方协商的交接方式交接。交接后双方应在有关单证上签字。

货物交接时，承托双方对货物的重量和内容有质疑，均可提出查验与复磅，查验和复磅的费用由责任方负担。

经承、托运双方在指定的时间和地点验收、交接货物完毕，并经承运人与托运人在运单上签字或盖章后，运单即生效，货物运输合同即告成立。

（四）公路货物运输合同的履行

承运人签发运单后，合同生效，进入合同履行阶段，包括承运人对合同的履行和收货人对合同的履行。承运人的履行分为三个阶段：承运阶段、运送阶段和交付阶段。收货人履行的主要义务有两项：一是及时领取货物；二是支付托运人未付或少付的运输费用。

1. 货物的搬运装卸

（1）承运人应根据承运货物的需要，按货物的不同特性，提供技术状况良好、经济适用的车辆，并能满足所运货物重量的要求。

（2）货物搬运装卸由承运人或托运人承担，可在货运合同中约定。

（3）委托站场经营人、搬运装卸经营者进行货物搬运装卸作业的，应签订货物搬运装卸合同。

（4）搬运装卸人员应对车厢进行清扫，发现车辆、容器、设备不符合装货要求，应立即通知承运人或托运人。

（5）搬运装卸作业应符合要求。

（6）搬运装卸危险货物，按交通运输部《汽车危险货物运输、装卸作业规程》进行作业。

（7）搬运装卸作业完成后，货物须绑扎苫盖篷布的，搬运装卸人员必须将篷布苫盖严密并绑扎牢固；由承、托运人或委托站场经营人、搬运装卸人员编制有关清单，做好交接记录；并按有关规定施加封志和外贴有关标志。

（8）货物在搬运装卸中，承运人应当认真核对装车的货物名称、重量、件数是否与运单上记载相符，包装是否完好。

2. 货物的到达与交付

（1）整批货物运抵前，承运人应当及时通知收货人做好接货准备。

（2）货物运达承、托双方约定的目的地后，承运人知道收货人的，应及时通知收货人。零担货物运达目的地后，应在24h内向收货人发出到货通知或按托运人的指示及时将货物交给收货人。

（3）货物运抵目的地后，收货人应凭有效单证及时提（收）货物。收货人无故拒提（收）货物，应赔偿承运人因此造成的损失；收货人逾期提（收）货物的，应当向承运人支付保管费等费用。收货人不明或者收货人无正当理由拒绝受领货物的，承运人可以提存货物。

（4）货物交付时，承运人与收货人应当做好交接工作，发现货损货差，由承运人与收货人共同编制货运事故记录，交接双方在货运事故记录上签字确认。

（5）车辆装载有毒、易污染的货物卸载后，承运人应对车辆进行清洗和消毒。因货物自身的性质，应托运人要求，须对车辆进行特殊清洗和消毒的，由托运人负责。

（五）公路货物运输合同的变更和解除

公路货运合同签订后，任何一方不得擅自变更或解除。如确有特殊原因不能继续履行或需要变更时，需要经双方同意，并在合同规定的时间内办理变更。如在合同规定的期限外提出，必须负担对方已造成的实际损失。

1. 公路货运合同变更和解除的条件

凡发生下列情况之一者，允许变更和解除公路货运合同：

（1）由于不可抗力使运输合同无法履行。

（2）由于合同当事人一方的原因，在合同约定的期限内确实无法履行运输合同。

（3）合同当事人违约，使合同的履行成为不可能或不必要。

（4）经合同当事人双方协商同意解除或变更，但承运人提出解除运输合同的，应退还已收的运费。

2. 公路货运合同变更和解除的程序

托运人要求变更或解除运输合同时，应注意以下三点：

（1）应当提供书面要求、个人有效证件和货运单托运人联。

（2）要求变更或解除运输合同的货物，应是一张货运单填写的全部货物。

（3）应符合公路货运合同变更或解除的条件。

承运人应当及时处理托运人的变更或解除合同要求。变更时，承运人应更改或重开运单，重新核收运费。不能办理时，应迅速通知托运人。解除货运合同后，承运人可以收取退运手续费。

3. 因不可抗力造成公路货物运输变更的处理

在货物运输过程中，因不可抗力造成道路阻塞导致运输阻滞，承运人应及时与托运人联系，协商处理，发生货物装卸、接运和保管费用按以下规定处理：

（1）接运时，货物装卸、接运费用由托运人负担，承运人收取已完成运输里程的运费，退回未完成运输里程的运费。

（2）回运时，收取已完成运输里程的运费，回程运费免收。

（3）托运人要求绕道行驶或改变到达地点时，收取实际运输里程的运费。

（4）货物在受阻处存放时，保管费用由托运人负担。

二、公路整车货物运输

根据公路货物运输的规定，一次货物运输在 3 t 以上者可视为整车运输，如货物重量虽在 3 t 以下，但不能与其他货物拼装运输，须单独提供车辆办理运输，也可视为整车运输，但以下货物必须按整车运输：

第一，鲜活货物，如冻肉、冻鱼、鲜鱼，活的牛、羊、猪、兔、蜜蜂等。

第二，需要用专车运输的货物，如石油、烧碱等危险货物，粮食、粉剂的散装货等。

第三，不能与其他货物拼装运输的危险品。

第四，易于污染其他货物的不洁货物，如炭黑、皮毛、垃圾等。

第五，不易于计数的散装货物，如煤、焦炭、矿石、矿砂等。

（一）整车货物运输托运、受理

1. 整车货物运输托运、受理的主要方法

（1）登门受理。即由运输部门派人员去客户单位办理承托手续。

（2）下产地受理。在农产品上市时节，运输部门下产地联系运输事宜。

（3）现场受理。在省、区、市等召开物资分配、订货、展销、交流会议期间，运输部门在会场设立临时托运或服务点，现场办理托运。

（4）驻点受理。对生产量较大、调拨集中、对口供应，以及货物集散的车站、码头、港口、矿山、油田、基建工地等单位，运输部门可设点或巡回办理托运。

（5）异地受理。企业单位在外地的整车货物，运输部门根据具体情况，可向本地运输部门办理托运、要车等手续。

（6）电话、传真、信函网上托运。经运输部门认可，本地或外地的货主单位可用电话、传真、信函网上托运，由运输部门的业务人员受理登记，代填托运单。

（7）签订运输合同。根据承托双方签订的运输合同或协议，办理货物运输。

（8）站点受理。货物托运单位派人直接到运输部门办理托运。

2. 整车货物的托运、受理的工作程序

公路货物的托运与受理一方面能为货主满足生产、销售、进出口运输需要；另一方面也使运输部门有了充足的货源，满足运力的需要。整车货物的托运、受理的工作程序为：

（1）货物托运人签填托运单

货物托运单（无论整车、零担、联运）是承、托双方订立的运输合同或运输合同证明，其明确规定了货物承运期间双方的权利、责任，货物托运单的主要作用包括以下四项：托运单是公路运输部门开具货票的凭证；托运单是调度部门派车、货物装卸和货物到达交付的依据；托运单在运输期间发生运输延滞、空驶、运输事故时是判定双方责任的原始记录；托运单是货物收据、交货的凭证。

整车货物的托运单一般由托运人填写，也可委托他人填写，并应在托运单上加盖与托运人名称相符的印章，托运单的填写有严格的要求：内容准确完整，字迹清楚，不得涂改，如有涂改应由托运人在涂改处盖章证明；托运人、收货人的姓名、地址应填写全称，

起运地、到达地应详细说明所属行政区；货物名称、包装、件数、体积、重量应填写齐全。

（2）托运单内容的审批和认定

公路运输部门收到由货物托运人填写的托运单后，应对托运单的内容进行审批，主要有：

审核货物的详细情况（名称、体积、重量、运输要求），以及根据具体情况确定是否受理。通常下列情况运输部门不予受理：法律禁止流通的物品，或各级政府部门指令不予运输的物品；属于国家统管的货物，或经各级政府部门列入管理的货物，必须取得准运证明方可出运；不符合《危险货物运输规则》的危险货物；托运人未取得卫生检疫合格证明的动、植物；托运人未取得主管部门准运证明的违反规定的超长、超高、超宽货物；必须由货物托运人押送、随车照料，而托运人未能做到的货物；出于特殊原因，以致公路无法承担此项运输的货物。

检验有关运输凭证。货物托运应根据有关规定同时向公路运输部门提交准许出口、外运、调拨、分配等证明文件，或随货同行的有关票证单据，一般分为：货物托运人委托承运部门代为提取货物的证明或凭据；有关运输该批（车）货物的质量、数量、规格的单据；其他有关凭证，如动、植物检疫证、超限运输许可证、禁通路线的特许通行证、关税单证等。

审批有无特殊运输要求，如运输期限、押运人数，或承托双方议定的有关事项。

（3）确定货物运输里程和运杂费

对货物运输的计费里程和货物的运杂费由货物受理人员在审核货物托运单的内容后认定。

（4）托运编号及分送

托运单认定后，应将托运单按编定的托运号码告知调度、运务部门，并将结算通知交货主。

3. 托运、受理的要求

托运、受理工作应做到：

（1）托运人、收货人名称，联系人、地址、电话要准确。

（2）起讫站名、装卸货物地址要详细。

（3）货物名称、规格、性质、状态、数量、重量应齐全、准确。

（4）应选择合理的运输路线。

（5）有关证明文件、货运资料应齐全。

(6) 危险货、特种货应说明运输要求、采取的措施及预防的方法。

(7) 运费结算单的托收银行、户名、账号要准确。

(二) 整车货物的核实理货

货物的核实理货工作一般有受理前的核实和起运前的核实。受理前的核实是在货方提出托运计划并填写货物托运单后，运输部门派人会同货方进行的核实。核实的主要内容有：托运单所列的货物是否已处于待运状态；装运的货物数量、发运日期有无变更；连续运输的货源有无保证；货物包装是否符合运输要求，危险货物的包装是否符合《危险货物运输规则》规定；确定货物体积、重量的换算标准及其交接方式；确定装卸场地的机械设备、通行能力；确定运输道路的桥涵、沟管、电缆、架空电线等详细情况。

货物起运前的核实工作称为理货或验货，其主要内容有：承托双方共同验货；落实货源、货流；落实装卸、搬运设备；查清货物待运条件是否变更；确定装车时间；通知发货、收货单位做好过磅、分垛、装卸等准备工作。

(三) 整车货物的装卸和监装、监卸

车辆到达装货地点后，监装人员应根据货票或运单填写的内容、数量与发货单位联系发货，并确定交货办法。散装货物根据体积换算标准确定装载量，件杂货一般采用以件计算。

在货物装车前，监装人员应注意并检查货物包装有无破损、渗漏、污染等情况，一旦发现，应与发货单位商议修补或调换。如发货单位自愿承担因破损、渗漏、污染等引起的货损，则应在随车同行的单证上加盖印章或做批注，以明确其责任。装车完毕后，应清查货位，检查有无错装、漏装，并与发货人员核对实际装车的件数，确认无误后，办理交接签收手续。

货物放卸人员在接到卸货预报后，应立即了解卸货地点、货位、行车道路、卸车机械等情况。在车辆到达卸货地点后，应会同收货人员、驾驶员、卸车人员检查车辆装载有无异常，一旦发现异常应做好卸车记录后再开始卸车。

卸货时，应根据运单及货票所列的项目与收货人点件或监秤记码交接。如发现货损货差，则应按有关规定编制记录并申报处理。收货人可在记录或货票上签署意见但无权拒收货物。交货完毕后，应由收货人在货票收货回单联上签字盖章，公路承运人的责任即告终止。

三、公路零担货物运输

公路零担货物运输按其性质和运输要求可分为普通零担货物和特种零担货物。普通零

担货物指《公路汽车货物运输规则》中列明的并适于零担汽车运输的普通货物。

特种零担货物则分为长、大、笨重零担货物，危险、贵重零担货物，以及特种鲜活零担货物等。

零担货物的办理内容包括受理托运、检货司磅、验收入库、开票收费、配运装车、卸车保管、提货交付。

（一）零担货物托运受理

1. 托运受理的方法

（1）站点受理，即由货主送货到站、到站办理托运手续。

（2）上门受理，即由车站指派业务人员到托运单位办理托运手续。

（3）预约受理，即与货主约定日期送货到站或上门提取货物。

2. 托运单的填写与审核

公路零担货物托运单一式两份，一份由起运站存查，另一份则于开票后随货同行。凡货物到站在零担班车运输路线范围内的，则称为直线零担，可填写《零担货物托运单》。如需要通过中转换装的称联运零担，可填写《联运货物托运单》。填写托运单时应注意：填写的内容齐全、完整、准确，并注明提货方式；填写的货物名称应该用常见的、通俗易懂的名称，不可用代号、字母代替；如有特殊事项在发货人事栏内记载外，还必须向受理人员做书面说明。

托运单在审核时则应注意：检查并核对托运单内容有无涂改，对涂改不清的则要求重新填写；审核到站与收货人地址是否相符，以免误运；对货物的品名、属性应进行鉴别，避免造成货运事故；对同一批货物且多种包装的应认真核对，以免错提错交；对托运人在声明栏内填写的内容应特别予以注意，如要求的内容无法办理则应予以说明。

（二）零担货物的配送装车

零担货物在配运装车时应注意：

1. 整理各种随货同行的单据，其中包括提货联、随货联、托运联、零担货票以及其他随送单据。

2. 根据运输车辆核定吨位、容积、货物的理化性质、形状、包装等合理配装，并编制货物交接清单。

3. 货物装车前，货物保管人员将接收的货物按货位、批量向承运车辆的随车人员或驾驶员和装车人员交代货物的品名、件数、性能，以及具体装车要求。

4. 中途装卸零担货物，应先卸后装，无论卸货进仓或装货上车均应按起点站装卸作业程序办理。

5. 起运、站与承运车辆，应根据《零担货物装车交接清单》办理交接手续，并按交接清单有关栏目逐批点交。交接完毕后，由随车理货人员或驾驶员在交接清单上签收。交接清单以一站一车为原则。

（三）零担货物的卸车交货

零担班车到站后，对普通到货零担及中转联运零担分别理卸，并根据仓库情况，除将普通到货按流向卸入货位后，对需要中转的联运货物，应办理中转手续。零担货物的卸车交货应注意以下四点：

1. 班车到站时，车站货运人员应向随车理货员或驾驶员索阅货物交接单以及跟随的有关单证，并与实际装载情况核对，如有不符应在交接清单上注明。

2. 卸车时，应向卸车人员说明有关要求和注意事项，然后根据随货同行的托运单、货票等原批、件验收，卸车完毕后，收货员与驾驶员或随车理货员办理交接手续，并在交接清单上签字。

3. 卸车完毕后，对到达的货物记入《零担货物到达登记表》，并迅速以到货公告或到货通知单催促收货人前来提货。

4. 交货完毕，公路运输的责任即告终止，因此，交货时应注意：

（1）不能以白条、信用交付货物。

（2）在凭货票提货交付货物时，应由收货人在提货联上加盖与收货人名称相同的印章并提供有效证明文件。

（3）如凭到货通知单交付货物，收货人在到货通知单上加盖与收货人名称相同的印章，验看收货人的有效证明，并在货票提取联上由提货经办人签字交付。

（4）凭电话通知交付时，则凭收货人提货证明，并经车站认可后由提货经办人在货票提货联上签字交付。

（5）如委托他人代提货，则应有收货人盖有相同印章向车站提出的委托书，经车站认可后，由代提货人在货票提货联上签章交付。

四、公路集装箱运输

公路集装箱运输生产过程是指从运输货物之前的准备工作开始，直至将集装箱货物送到目的地为止的全过程。公路集装箱运输经常表现为海上国际集装箱运输的继续。公路集装箱运输以其安全、快捷、优质、高效、环保等优点，越来越受到广大用户的欢迎，是公路运输现代化的主要标志之一。

（一）公路集装箱运输的责任

公路集装箱货物运输的责任自承运人接收货物并签发货物托运单或其他货运单证时起，至将货物交给收货人时止的整个期间。因此，公路集装箱运输应注意：

1. 接收集装箱货物时，应对货物托运单中所记载的货物件数、规格、标志、重量、外表状况等予以检查。

2. 公路承运人在与发货人、收货人、集装箱货运站，或集装箱码头堆场办理集装箱货物交接时，均应在单证上做交接手续记录。

3. 对联运中转的集装箱货物，应与前后承运人办理交接手续。

4. 拼箱货交接，驾驶员应与集装箱货运站、托运人、收货人办理交接、签收手续。

5. 整箱货交接，驾驶员应与集装箱码头堆场、发货人、收货人办理集装箱外表状况、铅封交接、签收手续。

6. 对运输期间因保管、照料过失、运输延误等造成货物灭失、损害的，由公路承运人负责赔偿。

（二）公路集装箱运输的免责

出于下列原因引起集装箱货物及集装箱的灭失、损害，公路承运人不负责任：

1. 发货人填写或申报货物内容过失。

2. 货物包装不牢、标志不清。

3. 由于货主自己负责装卸、搬运而造成的过失。

4. 由于货主装箱、封箱、配箱不当。

5. 集装箱不适合货物装载运输所致。

6. 人力不可抗拒的自然灾害或货物本身的变化。

7. 有关当局对货物处理的法令。

8. 收货人逾期提货或拒收货物造成的货损。

9. 第三者的过失等。

第四节　公路旅客运输业务

公路旅客运输业务是要完成旅客和行李的位移，公路运输合同规定了承运人和旅客之间的权利义务关系。公路旅客运输合同的订立、履行、变更、解除贯穿整个运输过程。

一、公路旅客运输合同

公路旅客运输合同的基本形式是客票。旅客运输合同规定了承运人和旅客各自的权利和义务。

（一）旅客运输合同的特征和形式

1. 公路旅客车票是公路旅客运输合同的基本特征

（1）它是标准合同。承运人和旅客不得就合同的条款进行协商，而按国家统一规定的客运规定订立合同，合同的唯一体现就是旅客所持有的客票。

（2）它是诺成合同。双方经过要约、承诺，达成合意，合同即告成立。

（3）承运人不得拒绝旅客通常的运输要求。对于旅客的要约，承运人承担着强制承诺的法律义务，除正当理由外，不得拒绝。

（4）包括行李的运送。行李票是托运行李的货物运输合同的书面形式，是另一个运输合同。

（5）旅客先乘运后补票的，旅客运输合同自旅客乘上车时即告成立。

（6）旅客运输合同一般有强制保险条款。

2. 公路旅客车票是公路旅客运输合同的基本形式

（1）班车客票，为定班次、定时刻、定线路的公共客运汽车票据。

（2）旅游客票，是对旅客到游览地的乘车、食宿等费用包干的票种。

（3）客运包车票，为客运包车专用票据。

（二）公路旅客运输合同的订立

1. 旅客购票的有关规定

成人及身高超过 1.5 m 的儿童乘车购买全票。身高 1.2 m 以下、不单独占用座位的儿童乘车免票，身高 1.2～1.5 m 的儿童乘车购买儿童票，残疾军人、因公致残的人民警察乘车分别凭《中华人民共和国残疾军人证》《中华人民共和国伤残人民警察证》购买优待票。儿童票和优待票按照具体执行票价的 50% 计算。

2. 承运人的售票方式

售票方式有车站售票、站外设点售票、随车售票、上门售票和电话订票等。

（三）公路旅客运输合同的履行

1. 旅客乘车

（1）旅客持符合规定的客票，按票面指定的日期和车次检票乘车。

（2）客票以票面指定的乘车日期、车次，一次完毕行程为有效期限。旅客中途终止旅行，客票即行失效。旅客因急病、伤或临产必须中途终止旅行时，凭医院诊断证明和原客票，退还未乘区段票款，免收退票费。

2. 遗失客票的处理

旅客遗失客票应另行购票乘车。如事先申报，事后找到原客票，在商定时间内经验证无误，退还原票款并免收退票费。途中遗失客票，能取得确实证明者，允许继续乘车至原票到达站。

3. 班车运行

（1）班车必须按指定车站和时间进入车位装运行包，检票上客，正点发车。严禁提前发车。

（2）班车必须按规定的线路、班点（包括食宿点）和时间运行、停靠。如途中发生意外情况，无法运行时，应以最快方式通知就近车站派车接运，并及时公告。如需要食宿，站方应协助解决，费用自理。

（3）班车到站后，按指定车位停放，及时向车站办理行包和其他事项的交接手续。

（四）公路旅客运输合同的变更和解除

1. 班车客运变更解除事项及处理

（1）旅客不能按票面指定日期、车次乘车时，可在该班车开车2小时前办理签证改乘，改乘以一次为限。开车前2小时内不办理签证改乘，可做退票处理，按规定核收退票费。

（2）旅客要求越站乘车，事先申明并经驾、乘人员同意，补收加乘区段票款。

（3）旅客退票按以下规定办理：

①应在当次班车规定开车时间2小时前办理，最迟在开车后1时内办理；开车1小时后，不办理退票。

②车上发售的客票和签证改乘的客票不办理退票。

③属客运经营者责任造成的退票，不收退票费。

（4）班车在始发站停开、晚点或变更车辆类别时须及时公告。旅客因此要求退票的，应退还全部票款，不收退票费。旅客要求改乘的，由车站负责签证。变更车辆类别，应退还或补收票价差额。

（5）班车中途发生故障，客运经营者应迅速派相同或相近类别车辆接运。接运车辆类别如有变更，票价差额概不退补。

（6）因路线阻滞，班车必须改道行驶时，票价按改道实际里程计收。按改道里程发售客票后，如班车恢复原路线行驶，发车前由始发站将票价差额退还旅客。

（7）班车行至途中临时需要改线或绕道，票价差额不退不补。如不能继续行驶，旅客自愿在被阻点或返回途中停止旅行，应退还未乘区段的票款，自愿返回始发站的免费送回，退还全部票款；自愿在被阻点等候乘车，经站、车人员在客票上签证，可继续乘车。中途退给旅客的票款，经办站可向原发站或运方收回。

2. 旅游客运合同的变更和解除

提供旅游综合服务的旅游客运，退票须在开车前办理，退还原票款中运费部分，核收退票费，代办食宿和其他服务费用根据具体情况办理，对不予退还的，应在售票时公告。无旅游综合服务的旅游客运，退票按班车退票办理。旅客中途终止旅游的，不予退票。

3. 包车客运的变更和解除

用户要求变更使用包车的时间、地点或取消包车，须在使用前办理变更手续。运输经营者要求变更车辆类型、约定时间或取消包车，亦应事先与用户协商，经同意后，方能变更。运输经营者自行变更车辆类型或未按约定时间供车者，按违约或延误供车处理。

二、公路行包运输合同

公路旅客或托运人托运行李和包裹时要与承运人签订合同，明确各自的权利和义务。行李包裹是指旅客随身携带的衣服、被褥、书籍、零星食品、少量土特产品及小件职业用具等。

（一）公路行包运输合同的形式

汽车旅客运输行包票是公路行包运输合同的基本形式。

汽车旅客运输行包票的内容主要包括票号、车次、发站、经由站、到站、运输里程、起运日期、标签号码、客票号、全价票张数、儿童票张数、托运人的地址、电话、收件人的地址、电话、行包包装名称、品名、件数、计费项目、费率、金额、装卸费、附记、行包实际重量、运输费用总额、受理站、填票人等。

汽车旅客运输行包票共四联，第一联为受理站存查，第二联用于上报审核，第三联为提单，第四联为到达通知代报销凭证。

（二）公路行包运输合同的订立

公路旅客或托运人托运行包，交纳行包运输费用，由站方开具汽车旅客运输行包票后，公路行包运输合同即告成立。

旅客托运的行包要符合行包运送的基本条件，如行包要包装严密，捆扎牢固，标志明显，适宜装卸；行包中不得夹入危险品及政府禁运物品；托运限运物品应持有关证明等。

旅客自行携带看管的物品超过规定重量和体积的为自理行包，按行包计费，如占用座位，须按实购买车票。

（三）公路行包运输合同的履行

同货物运输一样，旅客托运的行包到站（或目的地）后，随车运送的，承运人应与旅客及时办理行包交接手续；未随车运送的，承运人在到站应及时通知旅客或收件人领取行包，并与收件人办理交接手续。

1. 旅客托运规定重量内的行包，一般应与旅客同车运达；旅客托运超过规定重量的行包或非旅客的托运物品，最迟运达期限为 7 天。行包运到后，应立即通知收件人提取，无法通知的予以公告。到达站从通知或公告次日起负责免费保管 2 天；超过 2 天，按不同的件重核收保管费。

2. 托运行包凭行包票提取，如票遗失，应向到达站说明和登记，经车站确认后，可凭有关证明提取。如行包已被他人持票取走，车站应协助查询，但不负赔偿责任。

3. 行包自到达站发出通知或公告后 10 天内无人提取时，车站应认真查找使物归原主，超过 90 天仍无人提取的（鲜活易腐物品及时处理），即按无法交付行包处理：无法交付行包，报经交通主管部门批准后，向当地有关部门作价移交，所得价款，扣除应付的费用，余款立账登记。在 180 天内仍无人领取时，上缴国库。

（四）公路行包运输合同的变更和解除

1. 行包在起运前，旅客要求取消或变更托运，承运人可予以办理，并核收手续费。但是，如果班车停开，旅客因此要求取消行包托运的，应退还全部行包运费，且不收手续费。旅客因班车停开而要求改乘的，可办理变更手续（签字），也不应收手续费。

2. 班车中途发生故障，承运人应迅速派相同或相近类别的车辆接运旅客、行包，这种变更也不应收手续费。

3. 因路线阻滞（如因发生交通事故而受阻）班车必须改道行驶时，行包运费按改道后实际里程计收；按改道里程核收运费后，如班车恢复原路线行驶，发车前由始发站将运费差额退还旅客。如果在行车途中因路线受阻或其他原因临时需要改线路或绕道，行包运费不退不补。如果不能继续行驶，旅客自愿在被阻点或返回途中停止旅行的，应退还未运输区段的行包运费，自愿返回始发站的应随车将行包免费送回，退还全部运费。

4. 除上述班车受阻外，旅客要求在中途站停运行包时，承运人一般不予受理。如旅客因急病、伤或临产必须中途终止旅行，退还所托运行包未运区段运费；如要求运回原起运站或运往其他到达站，应重新办理托运。途中或车上办理托运的行包要求停运或改运，不退还运费。

第 二 章
发展现代交通运输业的意义

第一节　发展现代交通运输业的深刻内涵

一、发展现代交通运输业的内涵

发展现代交通运输业，就是用现代科学技术和管理技术改造和提升交通，提高交通基础设施、运输装备的现代化水平和运营效能；适应现代服务业发展要求，不断拓展交通服务领域；走资源节约、环境友好发展之路，促进综合运输体系发展，提高交通运输现代化水平。

第一，发展现代交通运输业是新时期交通运输行业贯彻落实科学发展观、做好"三个服务"（服务国民经济和社会发展全局、服务社会主义新农村建设、服务人民群众安全便捷出行）的能动体现。实践是马克思主义的基本观点，也是科学发展观的鲜明特征。科学发展观，第一要义是发展，核心是以人为本，基本要求是全面协调可持续，根本方法是统筹兼顾。发展现代交通运输业，突出强调的是以科学发展观为统领，坚持以人为本，依据经济社会发展的要求谋发展，从交通运输的本质属性出发谋发展。发展现代交通运输业，必须着眼于新的实践和新的发展，紧紧围绕"三个服务"，统筹交通建设与运输服务协调发展，统筹城乡区域交通协调发展，统筹交通与资源环境协调发展，统筹各种运输方式协调发展，推进现代交通运输业的发展进程，实现交通运输科学发展。

第二，发展现代交通运输业要充分利用现代科学技术改造和提升传统交通产业。以信息技术为代表的现代高新技术和现代管理技术推动了现代服务业的发展，也是改造和提升传统交通产业，拓展交通新兴服务领域的技术依托。要紧紧抓住现代科学技术迅猛发展带来的机遇，高度重视其在交通领域的集成应用，不断扩大应用范围和水平，大力提升工程质量与品质，提高基础设施的运营效率和服务水平；加快技术进步，改善产业组织，提高运输装备水平，推动传统产业升级；调整优化交通运输结构，全面改善运输服务水平，注重优化资源配置，提高资源利用效率，实现交通规模、质量和服务的协调发展。

第三，发展现代交通运输业要大力拓展交通服务领域。现代服务业与交通运输直接相关的就是现代物流。发展现代交通运输业，要适应现代服务业发展要求，延伸和拓展交通的服务范围和服务领域，进一步发挥公路水路技术经济优势，推动现代物流信息公共平台建设和物流技术开发应用，促进现代物流业发展；建立和完善交通行业服务标准体系；积极发展交通工程总承包、交通设计咨询、交通运输代理、交通商务服务等新兴交通服务业务；扩展科技咨询、技术交易、成果推广、信息服务、检验检测、知识产权等交通科技服务。

第四，发展现代交通运输业要最大限度地降低交通发展所带来的负外部性。交通的负外部性快速增加是当前交通发展的显著特征，在推进现代交通运输业发展进程中，必须走资源节约、环境友好的发展之路，注重资源节约、环境保护，重视交通安全和社会公平，适时调整和完善相关政策，提高全行业的管理水平，最大限度地减少交通发展的负面影响，不断提高社会对交通发展的满意程度。

第五，发展现代交通运输业要推进综合运输体系发展。建设综合运输体系是现代交通运输的发展趋势。要充分发挥各种运输方式的技术经济特长，大力推进综合运输枢纽建设，积极发展多式联运，充分发挥一体化运输的综合效率，在运输方式之间实现"无缝衔接"和"零换乘"，提高运输系统的整体效率，建设便捷、通畅、高效、安全的现代综合运输体系。

归纳起来，发展现代交通运输业实质就是不断提高交通运输现代化水平，实现交通运输现代化。发展现代交通运输业，解放生产力，实现交通运输现代化，在当前和今后一个时期就是加快交通由传统产业向现代服务业转型。在这一转型过程中，要以科学发展理念引领交通产业，以现代科学技术改造交通产业，以拓展服务功能提升交通产业，建设安全、通畅、便捷、经济、可靠、和谐的现代交通运输体系，实现基础设施网络化、公众出行便捷化、货物运输物流化、运营管理智能化、公共服务人性化、资源环境最优化。

二、发展现代交通运输业的基本要求

由于发展阶段、发展基础、发展条件的不同，传统交通业与现代交通运输业在发展理念、重点、方式、效果、手段、管理上存在很大差异。传统交通产业在发展理念上，强调发展速度，追求扩大规模和提高能力，对发展质量、统筹协调、人文关怀等重视不够；在发展重点上，突出基础设施建设，运输服务体系建设比较薄弱；在发展方式上，"高消耗、高排放、低效率、难循环"的粗放型增长方式比较明显，对资源、环境等可持续发展因素重视不够；在发展效果上，突出"走得了、运得出"，对安全性、便捷性、经济性、公平性等关注不够；在发展手段上，主要依靠资金和资源等要素投入来实现数量和规模的扩张，技术创新和管理创新的支撑作用发挥不够；在行业管理上，强调管理、弱化服务，突出宏观调控和市场监管，忽视社会管理和公共服务。

发展现代交通运输业，是新时期交通行业的深刻变革，关键在于促进交通发展方式的根本性转变，要努力做到"三个转变"，即交通发展由主要依靠基础设施投资建设拉动向建设、养护、管理和运输服务协调拉动转变；由主要依靠增加物质资源消耗向科技进步、行业创新、从业人员素质提高和资源节约环境友好转变；由主要依靠单一运输方式的发展向综合运输体系发展转变。

交通发展由主要依靠基础设施投资建设拉动向建设、养护、管理和运输服务协调拉动转变，这个转变，是针对中国交通增长长期过于依赖投资建设提出的。过去，交通基础设施严重短缺，是经济社会发展的瓶颈，不加快基础设施建设难以满足经济社会发展需要，在当时情况下，交通部门在建设上投入精力多一些是必要的，也是符合经济社会发展实际的。现在尽管我们仍处在大规模交通基础设施建设时期，但在基础设施"量"的积累上已经具备了一定的规模，在继续加快交通基础设施建设的同时，必须注重发挥已经形成的基础设施的能力，通过加强维护、管理，提高已有设施的完好率和使用效率，通过改善服务，让基础设施产生更大的运输效益。

交通发展由主要依靠增加物质资源消耗向科技进步、行业创新、从业人员素质提高和资源节约环境友好转变，这个转变，是针对交通增长中过于依赖物质资源投入提出的。中国开始大规模交通基础设施建设时，行业的技术能力、装备水平以及从业人员整体素质并不高，当时是边学习、边建设，边总结、边提高，发展主要依靠增加物质资源的投入是客观条件决定的，在交通基础设施和运输量规模比较小的时候，资源占用和环境问题也不突出，还没有成为发展的制约因素。经过十多年的快速发展，交通发展的基础和环境条件已经发生了很大改变，资源日趋紧张的状况已不可能给交通足够的发展空间，环境日益恶化的形势也不可能对交通运输网开一面。交通发展的需求还很大，唯有另辟新路，才能拓展空间，也就是要更多地依靠科技进步、行业创新和提高从业人员素质，走出资源节约、环境友好的交通发展新路子。应该客观地看到，交通行业科技水平、创新能力、人员素质已经有了很大改善，为实现发展方式转变提供了条件，同时与发达国家相比还有较大差距，也还有很大的提升空间。

交通发展由主要依靠单一运输方式的发展向综合运输体系发展转变，这个转变，是针对公路水路交通与其他运输方式衔接不够、运输效率不高的问题提出的。在交通基础设施总量不大、能力不足、没有形成网络时，各种运输方式独立发展，发挥各自技术优势，为经济社会提供运输服务，这是世界各国交通发展的普遍规律。但当各种运输方式各自形成一定网络规模后，实现网络的有效衔接、运输资源的优化配置、运输效率的有效提高，又成为发展的必然要求，也是世界交通发展的共同趋向。中国交通发展已经进入这个阶段，各种运输方式都初步形成了网络，在继续扩大和完善网络的过程中，必须走向相互衔接、相互融合，建立综合运输体系，发挥交通网络的最大效益，为经济社会提供高效优质的运输服务。

实现这"三个转变"是落实发展现代交通运输业重大战略的重要标志，集中体现在：

第一，在发展理念上，坚持以人为本、好中求快、全面协调和可持续发展，推进交通运输科学发展。以人为本，就是把实现好、维护好、发展好最广大人民群众的根本利益，作为交通运输工作的出发点和落脚点，使人文关怀、人性化服务贯穿交通建设、管理和运输服务始终；好中求快，就是要处理好快与好的关系，坚持好字优先，着力提高交通发展的质量和效益；全面协调，就是要统筹好交通基础设施建设、交通运输市场监管、支持保障系统以及行业精神文明建设，促进城乡区域交通一体化发展；可持续发展，就是要坚持走资源节约、成本节约、生态良好的文明发展之路。

第二，在发展重点上，充分发挥市场机制与政府宏观调控的双重作用，促进基础设施、运输服务、支持保障等方面协调发展。在保持交通基础设施、运输装备等在总量、规模适度增长的同时，不断调整优化基础设施、运输装备、运输服务的布局结构、技术结构等，大力提升建设工程的质量与品质，全面提高客货运输安全与服务水平，继续加强安全监管、人命救助、科技教育等支持保障系统建设，统筹交通建设、养护、管理、运输的协调发展。

第三，在发展方式上，坚持理念创新、科技创新、体制机制创新和政策创新，走以创新促发展的道路。把增强创新能力作为交通发展的战略基点，将创新贯穿交通现代化建设的各方面，不断提高行业创新能力，激发创新活力，增强创新实力，更加注重科技创新和行业从业人员素质的提高。

第四，在发展路径上，坚持节约资源和保护环境，更加注重走资源节约、环境友好的集约内涵式发展道路。适时调整和完善相关政策，提高全行业的管理水平，最大限度地减少交通发展的负面影响，不断提高社会对交通发展的满意程度，实现经济效益、社会效益和环境效益的有机统一。

第五，在管理方式上，坚持执政为民，建设服务型政府交通运输部门。按照建设服务型政府的要求，更加注重转变政府职能，强化社会管理和公共服务，深化体制机制改革，调整完善相关政策，健全完善惠及全民的交通公共服务体系，在服务中实施管理，在管理中体现服务，增强政府交通运输部门的行政执行力和公信力。

第六，在发展效果上，坚持公平和效率并重，促进综合运输体系的发展。高度重视交通安全和社会公平，在充分发挥各种运输方式比较优势的基础上，进一步加强各种运输方式间的有效衔接，实现主要运输通道、运输枢纽、信息资源等的整合，发挥一体化运输的综合优势，提高运输系统的整体效率，降低社会物流成本，更好地为经济社会发展服务。

第二节　发展现代交通运输业是交通发展的时代要求

一、发展现代交通运输业是经济社会发展的客观要求

随着我国工业化、信息化、城镇化、市场化、国际化进程进一步加快，改革开放继续深化，经济发展、经济体制、社会结构、利益格局和思想观念都发生了深刻变化。这种空前的社会变革，使中国经济社会发展呈现一系列新的鲜明特征，比如：经济虽然总体保持平稳较快增长，经济结构在工业化进程中加速调整，但长期积累的结构性矛盾和粗放式发展方式尚未根本转变，能源、资源、环境的瓶颈制约日益突出，实现可持续发展的压力增大；随着经济持续快速发展和生活水平不断提高，人民群众的物质文化需求日益多样化，选择性不断增强，对公共产品和公共服务的需求快速增长；随着社会主义市场体制逐步完善，市场在配置资源中的基础性作用愈益增强；随着开放型经济继续发展，中国与世界的联系更加密切，既有机遇，也有挑战。从国际上看，世界多极化趋势和经济全球化趋势深入发展，综合国力竞争日趋激烈，影响和平与发展的不稳定不确定因素增多，等等。

交通运输是国民经济的基础性、先导性产业和服务性行业，经济社会发展对交通运输提出了新的更高要求，要求交通运输在促进经济增长、提升生活质量、推动市场统一、扩大对外开放、协调区域发展、保障国家安全、促进社会和谐方面发挥支撑作用，增加交通的正效用，更好地服务于经济社会发展大局。

（一）促进经济增长

交通运输的发展既扩大了社会需求和经济交流，同时也提高了经济活动的效率，降低了生产和交易的成本，因此，交通运输发展首先要更好地为经济增长和效率提升服务。

（二）提升生活质量

交通运输与人民生活息息相关，随着收入水平的提高，人们对交通运输服务水平的要求不断提高，交通运输发展不但要促进经济发展，也要为提高人民生活水平发挥更大作用。

（三）推动市场统一

交通的本质作用就是通过运输将不同的地区（市场）连接到一起，通过发展交通运输实现更大范围的市场融合，同时促进不同地区的合理布局和协调发展。

（四）扩大对外开放

随着经济全球化进程加快，中国与世界各国（尤其是周边国家）经济关系日趋密切，交通运输的发展必须跟上对外开放的步伐，适应经济全球化和东亚经济一体化的需求。

（五）协调区域发展

中国区域经济社会发展不平衡、城乡差异大，加快中西部地区经济发展，特别是农村建设已经成为我国的重要发展战略任务，交通运输是经济社会发展的基础，在推进区域经济协调发展中承担着重要责任。

（六）保障国家安全

国家竞争能力不仅体现在经济实力上，国防能力也是建设强大国家的重要方面。国家安全是经济社会持续稳定发展的前提，交通运输是巩固国防、完成祖国统一大业、保持和平发展环境的重要条件。交通运输必须适应国防现代化、增强国防能力的要求，为国家安全提供稳固保障。

（七）促进社会和谐

中国在经济总量迅速扩大的同时，也存在严重的两极分化现象，全体公民不能平等享受公共福利和公共服务，成为影响社会和谐的突出问题。交通运输是公共基础设施，为全社会提供平等发展的机会和条件是构建和谐社会的必然要求。

改革开放以来，中国交通运输业发展之所以能取得巨大的成就，一条重要的经验就是善于抓住国家经济发展的良好机遇，如国家实施积极的财政政策、建设社会主义新农村等。因此，当前和今后一个时期，交通运输发展要紧紧抓住中国经济发展向一、二、三产业协同带动转变、加快服务业发展的历史机遇，加快发展现代交通运输业，促使交通继续成为新时期国民经济发展的战略重点，这是进一步提高"三个服务"能力和水平的重要抓手，也是交通行业更好地适应经济社会发展的客观要求。

二、发展现代交通运输业是实现科学发展的必然要求

随着经济社会的发展，土地、能源等资源及生态环境的制约日益突出，经济增长的资

源环境代价过大,必须加快调整经济结构、转变发展方式。因此,必须加快建设资源节约型和环境友好型社会,促进经济社会全面协调可持续发展。

目前,中国交通运输既处在快速发展阶段,也处在增长转型的重要时期,历史积累的老问题和发展中的新问题日益显现出来,承担的社会压力越来越大,面临着多方面的挑战。一是从传统产业向现代服务业转型,对交通发展理念和模式提出了新的挑战。必须充分利用现代信息技术和现代管理技术,加快交通产业结构升级,提高管理效率和服务水平,促进交通发展方式从粗放型向集约型转变。二是交通是能源消耗和资源占用较大的产业,面临着节约能源资源和保护环境的繁重任务。如果继续沿用粗放的增长方式,没有集约利用土地、能源等资源和加强生态环境保护的技术和方法,交通行业不仅无法继续发展,就连现状也难以为继。三是建设便捷、通畅、高效、安全的综合运输体系,要求充分发挥各种运输方式的技术经济特长,发挥一体化运输的综合优势,在运输方式之间实现"无缝衔接"和"零换乘",提高运输系统的整体效率。四是人民群众不断增长的服务要求对交通运输的管理水平提出了新的挑战,安全便捷、公平共享、法制有序等已成为广大人民群众对交通服务的现实要求。这就需要加快交通运输部门政府职能转变和管理创新,不断提升行业管理水平和公共服务水平。

因此,必须转变交通发展方式,调整产业结构,创新体制机制,强化行业管理,走资源节约、环境友好型的交通发展道路,推动现代交通运输业的发展进程,这是实现交通科学发展的必然要求。

三、发展现代交通运输业是交通发展规律的内在要求

顺应交通发展规律,21 世纪以来,发达国家的发展理念、战略、规划等都有很大调整,更加注重主动服务经济发展和公众生活的交通需求,从单一运输方式发展转向多种运输方式的一体化,增进各种运输方式间的无缝衔接,实现客运零换乘,使交通运输更好地服务于社会公众安全便捷出行;从发展运输业扩展到发展现代物流业,大幅降低交易成本,增强国家竞争力,从更高的层面服务于经济社会发展大局;等等。现代交通的发展,在发达国家,主要体现在基础设施、运输组织和交通管理的现代化水平上,集中反映在交通运输的以人为本、安全、环保、智能和一体化上。

当前,中国经济发展已进入加速发展服务业阶段,交通作为服务业的重要组成部分,是现代服务业优先发展的重点领域之一。从促进经济发展的角度来看,大力推进综合运输体系建设,有效降低物流成本,提高经济运行的效率。从努力做好"三个服务"的要求看,走资源节约、环境友好的交通发展道路,推进现代交通运输业发展,是交通自身发展由较低阶段走向综合运输体系的更高阶段,也是加快推进交通现代化进程的必然途径。

同时，科技革命加速推进，特别是现代信息技术和现代管理技术的广泛深入应用，不仅将改造和提升传统交通，有效地提升交通运输的服务能力和服务水平，极大地提高管理服务效率，还将不断催生新兴的运输服务业态，使交通产业体系更加健全，为加快推进交通现代化提供了有利条件。

中国由于所处的历史时期和发展阶段不断变化，交通运输在发展时面对的主要矛盾和矛盾的主要方面也不断变化，这就要求交通运输选择相适应的发展战略，解决关键问题，化解主要矛盾，实现全面协调可持续发展。现阶段，随着交通基础设施规模的不断扩大，交通发展将更加注重科技进步与创新，更加注重质量效益的提升，更加注重运输效率的提高，更加注重与资源环境相协调，推进现代交通运输业发展，这是交通发展规律的内在要求。

总体来说，发展现代交通运输业是新时期交通运输发展具有全局性、方向性的重大战略，是统领未来交通运输行业发展的核心战略，是结合新阶段特征对已有战略思想、内容的继承、深化和提升。这个战略是新阶段交通发展的一个总纲，它的实施要靠一系列正在执行和将要制订的具体规划和政策（如国家高速公路网规划、沿海港口布局规划、促进道路运输业又好又快发展的政策等）来加以推进。

第三节　发展现代交通运输业的重点任务

发展现代交通运输业，在当前和今后一个时期的战略重点是：调整交通结构，促进结构的优化升级，增强交通运输保障的能力；转变发展方式，建设资源节约、环境友好型交通，增强交通可持续发展的能力；推进自主创新，建设创新型行业，增强交通发展的内在动力；完善行业管理，建设服务型政府交通运输部门，增强交通公共服务的能力。具体来说，主要体现在以下六方面的重点任务：

一、大力调整优化交通结构

（一）调整结构是发展现代交通运输业的重要任务

进入 21 世纪，中国进入了科学发展的新阶段。随着国家经济社会发展"三步走"现代化战略的深入实施，综合国力显著增强，人民生活不断改善，国际地位明显提升。然而，经济社会发展中产业结构不合理，城乡之间、地区之间发展不平衡等问题依然存在，经济社会发展与资源环境的矛盾日益突出。党中央、国务院及时、准确地把握中国发展的阶段性特征和规律，提出以科学发展观统领经济社会发展全局，采取一系列宏观调控措施，调整和优化经济结构。加快转变经济发展方式、推动产业结构优化升级是关系国民经济全局紧迫而重大的战略任务。

经济结构调整不仅改变一、二、三产业的发展比例和产业布局，还涉及消费结构升级和大众生活方式转变，并最终体现为各种经济发展的要素和资源在各领域间的流动和重新配置。交通运输既是基础性产业，又是服务性行业，是国民经济的重要组成部分，发挥着支撑经济发展、引导生产力布局、沟通城乡、保障国家安全和社会稳定的基础性作用，担负着为经济社会发展提供安全、便捷、高效、优质运输服务的重任。经济结构调整必然带来对交通运输需求结构的重大影响，要求交通运输结构必须进行相应的调整。

交通运输结构调整不仅是国家经济结构战略性调整的需要，更是其重要的组成部分。加快交通运输结构调整是抓住新时期国家经济结构调整的战略机遇、发展现代交通运输业的重要任务，也是改变交通运输是国民经济薄弱环节的被动局面和被动地位，谋求交通运输长远发展的主动权，加快发展综合运输体系的需要。

（二）调整交通运输结构的重点任务

公路水路交通要按照国家推动产业结构优化升级的战略部署，加快基础设施结构调整，引导运输结构不断优化，合理布局交通基础设施，优化运输资源配置，在发展中实现结构调整，统筹基础设施建设、养护与运输服务协调发展，促进综合运输体系建设。

1. 调整基础设施结构，优化网络功能结构与布局

一是统筹城乡、区域交通运输发展。坚持效率与公平并重，加强农村公路建设，改善农村地区的交通条件，为社会主义新农村建设服务。实行区域交通差异化发展战略，东部地区交通率先实现现代化，中部地区交通实现崛起，西部地区交通取得突破性进展，加快长三角、珠三角、京津冀等区域交通运输一体化建设，提高交通运输服务区域经济社会发展的能力，在更大范围、更高层次上实现交通运输协调发展。

二是调整公路基础设施结构。加快建设国家高速公路网，加强网络断头路、疏港高速公路及与其他运输方式衔接路段的建设；加大国省干线公路改造力度，提高国省干线公路等级和二级及以上公路比重，大力改善国省道路面技术状况，进一步提升国省干线公路养护质量和服务水平；继续推进农村公路"通达工程"和"通畅工程"建设；加强农村公路的正常管理养护，改善农村客运班车站点条件；加快形成布局合理、能力充分、衔接有效、服务优质的公路运输站场体系；加快重点物流园区（中心）交通基础设施建设和多式联运系统建设；加大公路安全、救助、旅游服务等配套设施建设；加大公路危桥、安全隐

患路段改造力度，完善高速公路安保和服务设施，加大交通安全监控的覆盖范围；加强公路信息化建设，积极推进高速公路联网收费，加强枢纽城市公路运输站场信息网络建设，完善客运、货运公共信息服务系统，提高出行信息服务水平。

三是调整沿海港口结构。发挥主要港口的龙头作用，促进区域港口协调发展，形成层次清晰、分工合理、竞争有序的港口发展格局；拓展港口功能，充分发挥港口带动临港产业开发的推动作用；建立一体化信息平台，实现各种运输方式有效衔接；加快建设以港口为依托的综合物流园区，延伸港口现代物流服务产业链；进一步完善集装箱、煤炭、原油、矿石等专业化运输系统，提高专业化码头等级和通过能力，加大通用泊位新建与改造力度；大力发展公用码头，加强规模化、集约化公用港区建设，提升港口公共服务能力与水平，提高港口资源利用效率；全面推进港口改造，加强老港区城市化改造，扩大港口通过能力，节约使用港口岸线资源，促进港口与城市协调发展；进一步提高港口航道等级，继续实施长江口深水航道治理工程，进一步提高沿海港口进港航道等级，适应船舶大型化发展趋势。

四是调整内河水运结构。全面建设国家高等级航道；加快发展长江黄金水道，实施长江口深水航道向上延伸工程和长江干线航道治理工程；加强内河主要港口建设，重点建设集装箱、煤炭等专业化码头，提高内河港口专业化、机械化水平，拓展内河主要港口功能。

五是调整支持保障系统结构。加强交通安全监管和救助能力建设，加大海事、救助系统交通资源优化配置力度，完善汽车滚装码头危险品检测手段，提高公路交通安全监控的覆盖范围；建立公路、水路交通安全保障体系和应急机制，建设交通应急平台，完善突发公共事件应急预案，建立重点物资和紧急物资运输保障体系。

2. 调整运输结构，提升交通运输服务能力

一是促进综合运输体系发展。强化"建运并重"的发展理念，强调运输系统的整体性、功能性和协调性，增强运输资源的有效开发和利用。充分发挥公路、水路交通在技术经济、资源利用和服务方面的比较优势，加强与其他运输方式的有效衔接和协调发展，大力发展多式联运。加快建设服务于重点枢纽港口、重点物流基地（中心）、综合客运枢纽的集疏运配套设施，促进交通网络点（港、站）、线（通道）、面（网布局）的协调发展。

二是优化运输组织结构，提高产业集中度。发挥市场机制配置资源的基础性作用，通过政策引导，推动运输业规模化、集约化、网络化发展，提高运输企业的竞争力，促进运输生产的安全、便捷、可靠和高效，逐步实现货运的无缝衔接和客运零换乘。

三是加快运输装备升级，优化运力结构，推广使用标准车型和船型，引导营运车船向

标准化、专业化、清洁化方向发展，鼓励厢式运输、甩挂运输、汽车列车等专业化运输方式，引导货运大型重载车辆的发展，促进高效、节能运载工具的发展。优化远洋船队结构，加快推进进口能源、重要原材料的国轮船队建设，加快专业化大型船队和新型船舶的发展，提升我国海运船队技术水平和国际竞争力。提高内河运输平均吨位，发挥内河水运的优势。

二、加快转变交通发展方式

（一）转变发展方式是发展现代交通运输业的根本途径

交通发展对土地、岸线、能源等资源依赖性强，对环境影响较大，是建设资源节约型和环境友好型社会的重要领域。进入 21 世纪以来，交通发展战略规划、政策法规、标准规范体系建设取得积极进展；行业体制机制持续完善，行业管理能力明显增强；节约资源和保护环境的制度不断改善；科技进步全面推进，节约资源和保护环境的技术基础和能力不断增强。

推动科学发展、促进社会和谐对公路水路交通发展提出了新的更高要求，主要是：进一步完善交通网络布局，提高运输组织效率，降低社会物流成本；进一步提高客运服务质量和水平，完善公共交通服务体系，服务人民群众安全便捷出行；更加关注欠发达地区、低收入群体的出行需要，进一步促进运输服务的均等化；更加注重节约集约利用土地、岸线等资源，强化节能减排，促进交通与生态环境的和谐；更加注重各种运输方式的有效衔接，提高综合运输整体效益；更加注重提高自主创新能力，充分利用现代信息技术和管理技术，促进交通产业结构升级，加快现代交通运输业发展进程；等等。面对新形势和新要求，必须加快交通运输发展方式转变，走资源节约、环境友好的发展道路，促进交通运输科学发展，这是发展现代交通运输业的根本途径。

（二）加快转变交通发展方式的重点任务

公路水路交通要坚持节约资源和保护环境的基本国策，以节约与集约利用资源和保护生态环境为主线，把节约资源、保护环境落实到交通发展的各个层面和各个环节，遵循"减量化、再利用、资源化"原则，积极发展交通循环经济，加快转变交通发展方式，提升交通运输发展的质量和效益，实现交通运输发展与自然生态的和谐统一。

1. 节约利用资源，实现集约发展

一是节约集约利用土地资源。在交通规划与建设项目立项、设计、施工等各个环节落

实最严格的耕地保护政策。

要按照合理布局、经济可行、控制时序的原则，统筹协调交通建设规划，加强与土地利用总体规划和年度用地计划的衔接，不符合土地利用总体规划和年度计划安排的，必须及时调整和修改，核减用地规模，避免过度超前和低水平重复建设浪费土地资源。严格项目用地审查，合理确定建设规模、技术标准，公路建设项目设计、施工和建设用地审批必须严格执行用地标准，把土地特别是耕地占用作为方案选择的重要指标之一。加强交通基础设施建设中工程通信、监控、供电等系统管线的统筹规划。优化工程方案，高效利用线位资源，鼓励利用旧路改扩建，鼓励采取先进节地技术、降低路基高度、提高桥隧比例等措施，减少公路基础设施工程用地和取、弃土用地。提高土地资源综合利用效率，尽量利用荒山、荒地、废弃地，减少占用耕地、林地和经济作物用地，重视对施工临时用地和取、弃土场的恢复，鼓励工程建设中采取改地、造地、复垦等措施，节约利用土地资源。

二是集约利用岸线资源。坚持规划指导、有序开发，集约利用港口岸线资源。进一步做好岸线功能区划，做到深水深用、合理利用；岸线使用必须符合规划，严格履行审批程序；推进港口岸线利用的法律法规建设，积极探索港口岸线有偿使用机制，提高岸线资源的综合使用效率。

三是制订水运资源长远开发、维护和使用规划，促进水资源综合利用。尽快完成建港岸线资源、内河航道资源彻查，在此基础上，结合国民经济发展目标以及对水运发展的需求，制订港口岸线和高等级内河航道规划，从深水岸线、陆域、净空、线位（运河和航道）、高等级航道、船闸通航等级以及通过能力等方面，切实为长远水运发展的资源开发、维护和使用提供支撑，保护内河航道提升等级所需的资源，使内河长远发展拥有可得、经济的资源，逐步做到合理使用、节约和保护水运资源，提高资源利用效率，为水运发展持续提供优良资源。根据区域经济发展的实际情况，选择有条件的地区制订水系沟通的运河规划，为建设高等级航道网、提高内河运输的连续性奠定基础。澜沧江、图们江、鸭绿江和黑龙江是中国和周边国家的界河，发展内河运输和江海直达运输具有超出航运本身的意义。应切实做好开发规划，努力完善与周边国家国境河流的合作开发机制，与国家相关部门密切合作，推动国际贸易进一步发展。

四是积极发展交通循环经济。遵循"减量化、再利用、资源化"原则，积极探索交通循环经济实现方式，加强宣传教育、加大科技研发、完善标准规范，进一步推进基础设施勘察设计、施工工艺、模板与材料等方面的标准化，倡导标准化设计、工厂化预制，提高再利用水平。加强港口、公路服务区等沿线设施的污水综合处理，加大中水回用力度。大力开展路面材料、废旧材料、疏浚土等资源的再生、循环和综合利用，实现交通发展对资源的少用、用好、循环用。

2. 推进节能减排，发展清洁运输

一是加强节能减排监督管理。进一步完善交通节能减排法规与制度，加强行业节能减排监督管理。完善交通建设项目节能评估与审查制度，制定节能评估导则和审查指南，将节能要求作为项目立项、初步设计、施工及验收审批中的刚性指标。制定并实施营运车船的燃料消耗量限值标准，建立和完善营业性车船燃料消耗准入与退出机制，不符合标准的，不得用于营运，从源头上限制高耗能运输车船进入运输市场，加强对营运车船燃料消耗检测的动态监督管理，逐步淘汰高耗能的设施和装备。建立港口主要耗能设备的行业准入制度，对重点耗能装置建立并实施严格的监控制度。强化对交通重点用能单位的监督管理，认真抓好能耗考核分析，改进用能管理和技术。健全交通行业能源利用监测体系，完善交通行业能源消耗统计报告和分析制度。

二是完善节能减排相关政策。加紧研究促进节能减排的交通产业政策。努力推进交通节能政策创新，完善节能政策体系，明确转变交通发展方式、优化交通结构和提高质量效率的方向和重点，规范和引导行业节能工作，限制高能耗、低效率的交通企业发展，鼓励节能环保型企业的发展，推动企业淘汰落后的生产设施设备，制定并实施有利于交通节能的规费差异化政策，积极引导运输从业者和消费者购买和使用节能环保车船，研究和推动交通节能投资项目加速折旧政策，加快淘汰高油耗车辆。

建立健全交通节能减排投融资机制。积极调整交通投资结构，加大交通节能投资力度，把节能投入作为交通公共财政支出的重点，充分发挥政府资金对社会资金的引导作用。根据"谁节约，谁受益"的原则，建立交通行业节能专项资金，对交通节能重点工程、重点节能科技创新、既有交通设施和运输装备的节能改造、可再生能源利用等项目给予重点支持，并鼓励购买高能效的运输、装卸和施工装备设施等，资助节能新技术研究开发、示范推广项目。同时，积极拓宽交通节能减排融资渠道，充分利用金融机构信贷、政策性银行资金，以及社会资金加大对交通节能项目投入，重点推进交通节能技术研究开发、节能产品生产以及节能技术改造等，尤其是偿还能力强的交通节能基础设施建设项目和重点企业节能技改项目等。同时，积极扩大利用外资渠道，继续争取国际组织的援助和优惠贷款，探索清洁发展机制（CDM）、碳排放交易等在交通领域的应用。

积极争取国家有关的节能减排财税优惠政策。积极跟踪国家资源税、环境税、消费税、进出口税等税制改革进程，深入研究分析其对交通节能的影响，积极争取中央财政和省级地方财政安排的节能专项基金对交通节能的支持，争取相关税收优惠扶持和财政补贴政策。积极推动燃油税改革方案的实施，尽早发挥财政税收政策对交通节能减排的效用。加强行业调控和运输市场监管，建立科学合理、有利于交通节能的运价形成机制，充分发挥能源市场价格对交通节能减排的积极作用，引导运输企业和经营者节能。

三是加强节能减排宣传教育。利用行业报刊、网站等各种渠道，广泛、深入、持久地开展交通节能减排宣传教育活动，宣传中国能源形势和交通节能的重要意义，宣传国家和交通行业节能方针、政策、法律及法规；开展节能型港口、节能型工程、节能型企业、节约型机关（单位）等创建活动，表彰交通节能减排先进单位，激励贡献突出的个人，充分发挥舆论引导和监督作用，增强全行业节能减排意识，提倡节约型的交通消费方式。

强化教育培训，提高从业人员节能素质。开展经常性的交通节能培训教育、技术和经验交流，将交通节能减排知识纳入职业教育和培训体系；抓好节能基础教育、专业教育、社会教育和岗位培训，使交通行业各类从业人员接受不同层次和不同内容的节能教育，提高全行业的节能意识、业务水平和操作技能，逐步培养和造就一支高素质、稳定的交通节能减排工作队伍。

建设节约型机关，发挥政府部门的节能减排表率作用。积极开展节约型机关建设，倡导崇尚节约、合理消费的机关文化，实施政府机构能耗定额和支出标准，强化能源消费计量和监测管理，建立和完善节能减排规章制度；推行政府节能采购，加大节能产品政府采购实施力度，带头使用节能产品、设备。

3. 促进环境保护，建设生态文明

一是加强建设工程的生态环境保护。树立"最大限度地保护生态、最小限度地破坏生态、最大限度地恢复生态、不破坏是最好的保护"等交通建设新理念；公路选线、港口选址尽力避绕环境脆弱或敏感地区，减少对自然环境的不利影响；公路建设尽量利用原地形，合理控制边坡高度，避免深挖高填，采取有效的水土保持措施，减少取土场、弃土场、施工营地、施工便道等对生态环境的影响；港航工程建设要避免或减少对水生动植物生存环境的改变、破坏及对海岸的非正常侵蚀，严格疏浚土的处置；加强对废弃渣土、物料等建筑垃圾的收集、运输、消纳和处理。大力推进交通基础设施建设的生态恢复，实现工程防护、景观塑造和环境保护的统一。

二是大力减少车船污染排放。严格执行车船排放标准，控制和减少营运车辆、船舶的污染排放；强化对营运车船定期检查维修和监督检查，禁止超标排放；制定并实施船舶污染治理技术政策和治理规划，强制要求船舶安装污水处理设施和垃圾回收设施；对适用船舶的排污设备实施铅封管理，实现禁排，对非铅封船舶实行监督管理，实现限排；对船舶垃圾实施强制排岸接收处理，严禁船舶直接向江河湖海倾倒排放生活垃圾。

三是提高船舶溢油防控能力。加大重点水域污染防治力度，消除环境安全隐患，防止发生重大环境污染事件；严格执行油船建造检验规范，加快淘汰不符合要求的老旧油船，

降低船舶溢油事故污染风险；建立跨部门的船舶与重点水域溢油监测与应急反应体系，制订和落实溢油应急计划和预案，提高溢油事故快速反应和处置能力；加快建立船舶油污保险和油污损害赔偿基金制度，为溢油污染处置提供资金保障。

四是提高港口防污染处置能力。港口、码头应按照规定配置足够的船舶废弃物接收设施，建设船舶油类、化学品、垃圾、生活污水回收、转运设施，配置船舶压舱水、洗舱水和生活污水接收处理设施，未纳入城市垃圾处理系统的港口应设置垃圾处理站；将港口和船舶污水、垃圾处理设施建设纳入城市污水、垃圾处理设施建设规划；港口要尽可能采用密封输送、抑尘、防尘等污染防治措施，有效降低有毒有害气体和粉尘的污染。

三、积极促进现代物流发展

（一）现代物流业是发展现代交通运输业的重点内容

现代物流泛指原材料、产成品从起点至终点及相关信息有效流动的全过程。

现代物流的产生和发展是经济发展到一定阶段、社会分工不断深化的产物，它将物流相关要素集成，形成有效的物流供应链，从而降低经济成本，提高经济效益。现代物流的基本特征主要包括专业化、系统化、信息化以及标准化。

1. 专业化

现代物流是商品从供应地到接收地的流动过程，是供应物流、生产物流、销售物流、回收物流的结合，是一个完整的供应链，将过去商品经由制造、仓储、批发、运输到零售点的多层次的复杂途径，简化为由制造商经配送中心到零售点，促进了产销分工专业化，从而大大提高了社会的整体生产力和经济效益。

2. 系统化

现代物流向生产和消费两头延伸并赋予了新的内涵，由原本仓储、运输的单一功能扩展为仓储、运输、配送、包装、装卸、流通加工等多种功能，通过统筹协调、合理规划、资源整合，形成物流大系统，控制整个商品的流动，以达到利益最大或成本最小；同时满足用户需求不断变化的客观要求，为客户选择最合理的运输方式和费用、最短的运距、最少的仓储、最适宜的包装、最优质的服务，更加有效地服务于经济社会活动。

3. 信息化

信息网络技术是现代物流的生命线，是实现物流现代化的根本保证。全球经济的一体化趋势，使商品与生产要素在全球范围内以空前的速度流动，电子数据交换技术与国际互联网的应用，使物流效率的提高更多地取决于信息管理技术，使产品流动更加容易和迅速，信息化已成为现代物流业发展的必由之路。

4. 标准化

现代物流的全球化趋势要求在物流过程中实现标准化，在商品的包装、装卸搬运、流通加工、信息处理等过程中采用国际统一标准，以便参与到区域、全球物流大系统和物质经济循环中。

现代物流主要是实现货物的高效流动，而这恰恰是运输的基本功能。当前，世界上知名的大型跨国物流公司，都是由传统的货运公司发展起来的。目前国内的大型物流公司，比如中远物流、中海物流，也基本上是由运输企业成长起来的。因此，可以说现代物流实际上是对运输概念的一种延伸，是通过现代先进的信息技术对以运输为核心的各项物流功能进行整合，是传统运输方式的一次革命性突破，是交通运输发展的高级阶段，也是发展现代交通运输业的重点内容。

（二）积极促进现代物流发展的重点任务

1. 改造和提升货运业，加快现代物流发展

一是鼓励运输企业按照市场机制整合资源，提高产业集中度，提升运输的专业化、社会化服务水平。以市场为基础，以资产为纽带，通过资产重组和公司改制等方式，积极培育并引导组建一批跨区域、跨行业、具有较强竞争力的大型运输企业或集团。深化国有企业改革，按照政企分开、规模经济和"抓大放小"的原则，对国有大型、特大型汽车运输重点企业进行重组和公司制改造。引导中小运输企业向"专、精、特、新"方向发展，发挥其在满足多元化运输需求、扩大就业等方面的重要作用。

二是拓展道路货物运输新的发展领域和空间，将彼此分割的采购、制造、运输、仓储、代理、配送、包装加工、销售、信息处理等环节有机地串联在一起，拓展服务功能，实现对工商企业供应链的优化，为其减少库存、加速资金周转和降低生产成本创造条件，确保运输企业有效货源充足、运输和仓储能力得到充分利用。

三是引导运输企业由单一的道路运输承运人向现代物流经营人转换，支持运输企业做大做强。积极发展第三方物流服务，降低交易成本，为工商企业等提供优质物流服务，使其减少库存、降低成本；鼓励企业通过建立现代企业制度，提高企业管理水平；鼓励企业加快联合和联营，向大型化、集约化方向发展；鼓励企业与国外大型物流企业合资、合作，利用自身的有利条件参与国际竞争；鼓励企业应用现代运输组织技术、交通运输工具和通信工具，提高技术和装备水平；鼓励企业不断增加高附加值的增值服务项目，提高综合服务能力，逐渐向现代物流企业转型。

四是拓展港口功能，在现有区港联动试点和保税港区的基础上，提升保税物流园区和保税港区服务功能。发展国际中转、国际配送、国际采购、国际转口贸易和出口加工等业务，积极支持临港工业发展，探索向自由港方向发展的新模式；加快航运中心建设，大力发展以港口为依托的现代物流业，发挥市场配置资源作用，整合各类港口后方的物流园区，形成以港口为中心的综合物流园区，延伸水运服务功能；大力发展现代水运服务业，提高水运服务贸易能力。

2. 加强统筹规划，完善物流网络布局

一是进一步做好港口、运输站场等物流节点的布局规划，货运站场选址要充分考虑物流组织的需要，注重与其他运输枢纽的衔接。建设大型物流枢纽，发展区域性物流中心，推动长三角、珠三角和环渤海等地区的现代物流业发展。

二是探索适应我国国情的物流发展模式，加强对中心城市、物资集散和口岸地区大型物流基地（园区）的统筹规划，配合东部地区产业向中西部地区转移的趋势，推动物流业梯度发展，形成布局合理的物流网络和配送体系、完善的仓储设施、先进的物流信息网络平台等，为现代物流发展提供物质基础条件。加快构建农村物流服务体系，满足建设社会主义新农村的需要。

3. 加强物流技术研发应用，重视物流标准规范制定

一是搭建公共物流综合信息平台，促进信息流、物资流、资金流的整合，实现货源、运力等信息的共享，使得物流运输企业以及运输、港口、海关、银行等各行各业协同工作，使物流能够真正畅通无阻地流动起来，提升运营组织管理水平，提高运输生产效率。

二是鼓励和引导交通企业加大技术创新投入，大力开展电子商务技术、射频识别技术（RFID）、全球定位系统（GPS）、地理信息系统（GIS）、电子数据交换（EDI）、物流系统优化技术、物流智能终端技术等在交通行业中的研发和应用，加快建设及应用物流信息公用平台、物流在线服务平台、物流可视化跟踪平台，实现信息资源的连通和共享。

现代物流优化调度与智能配送技术：现代物流运输调度可以为物流企业或企业管理人员提供决策支持，智能配送技术是一套基于GIS/GPS的物流配送技术，主要实现货物到站管理、最佳装载、最佳运输路径、车辆最优调度等。这些技术极大地提高了运输服务水平和工作效率，降低了运输成本。

物流信息平台技术：现代物流信息已成为提高营运效率、降低成本、提升客户服务质量的核心因素。在信息平台上，信息流的处理和利用水平决定整个物流过程的运作水平。信息平台建设，一方面是发展现代物流的核心和关键，另一方面通过建设信息平台又极大地推动着现代物流的发展。

三是发展新型运输服务方式，提升物流装备技术水平。鼓励运输服务方式的创新，解决由于运输方式落后和各种运输方式衔接不畅带来的货物在运输过程中的多次装卸、搬运等问题。推广应用厢式货车、大型拖车及集装箱，开发使用专用车辆；推行以托盘化为核心的单元装卸方式，引进单元装卸化物流机械，实施现代物流技术示范工程，推动关键技术和产品的产业化。鼓励企业采用仓储运输、装卸搬运、分拣包装、条码分类等专用物流技术装备，提升中国物流装备技术水平。

四是加快现代物流标准体系建设，做好物流术语、物流与服务电子编码、数据交换、物流信息平台系列标准、物流作业和服务标准等方面基础性标准的制定、修订工作，注重与各种相关技术标准协调一致，并逐步与国际标准接轨。

五是重视物流人才培养，充分发挥中国人力资源丰富的优势，鼓励采取多种方式加强培养高级物流技术研发与管理人才，特别要培养熟悉供应链管理的咨询专家和技术专家，为现代物流提供智力支持。

四、有效提升客运服务品质

（一）提升客运服务品质是发展现代交通运输业的关键所在

科学发展观的核心是以人为本。坚持以人为本，是对马克思主义关于人的全面发展理论的继承、丰富和发展，是真正将最广大人民群众的根本利益放在第一位，以实现人的全面发展为目标，不断满足人民群众日益增长的物质文化需要，切实保障人民群众的经济、政治和文化权益，让发展的成果惠及全体人民。

商品在空间上的流通，即实际的移动，就是商品的运输，这种位置的变化就是向乘客和货主提供的"服务"。服务是交通运输的本质属性。交通运输业作为服务业的有机组成部分，旅客运输与广大人民群众出行密切相关，是提高人民生活水平的重要方面。发展现代交通运输业在客运中的具体体现，就是要把服务人民群众安全便捷出行作为交通运输工作的根本要求，坚持以人为本，把安全放在交通运输工作的突出位置，严格落实安全生产责任制，保障运输安全，让人民群众出行放心；就是要不断增加交通有效供给能力，建立起一个管理规范、安全便捷、服务优良、兼顾公平和个性化需求的客运服务体系，不断满足人民群众日益增长的安全、快捷、舒适、方便乃至个性化的交通需求，特别要注重公共服务、普遍服务，维护社会公平，促进社会和谐，让人民群众出行满意，做到交通发展为了人民、交通发展依靠人民、交通发展成果由人民共享。

（二）有效提升客运服务品质的重点任务

1. 发展优质的公共客运，提供安全便捷的出行服务

一是构建由快速客运、干线客运、农村客运和旅游客运等组成的多层次客运网络体系，加强道路客运与其他运输方式的紧密衔接。以高速公路和国省干线公路为依托，大力发展城际直达班车客运，探索建立全国道路客运联网售票机制，建立健全省际、城际客运网络，服务人民群众安全、便捷出行。

二是合理规划交通运输发展模式，提供安全好、效率高、质量优、成本低、污染小的公共客运服务，引导交通消费，鼓励出行者使用公共交通服务。加快发展轨道交通等公共交通，提高综合交通运输系统效率；在大城市建立以道路交通为主，轨道交通为辅，私人机动交通为补充，合理发展自行车交通的城市交通模式；中小城市以道路公共交通和私人交通为主要发展方向。

2. 发展农村客运，促进服务均等化

一是加强中央与地方之间、部门之间的沟通协调，创新城乡客运管理体制。打破城乡客运管理体制分割，实行城市客运和城乡客运统一领导、统一规划、统一建设、统一管理；研究制定进一步支持农村客运的相关扶持政策，推动建立城乡统一的客运市场。

二是统筹规划农村公路、客运站点和城乡客运线路布局，加快乡镇客运站点建设。农村客运基础设施建设要推行"路、站、运"一体化发展，做到同步规划、同步实施、同步验收、同步使用；农村客运站的社会公益性突出，应该以政府投资为主；继续以定额补贴形式鼓励地方投资建设三级及以下乡镇客运站和招呼站。

三是合理规划农村客运网络，扩大农村客运服务覆盖面。简化农村客运班线的行政许可程序，鼓励各地因地制宜地制定并出台税费减免政策，减轻经营者的负担；研究探索普遍服务基金等方式鼓励各类运输企业和个体经营户发展农村客运线路；根据农民出行特点，采取片区运营、循环运营等多种方式，方便农民群众乘车；探索农村客运线路公交化运营模式改革，提高乡镇客运班车的通达率和覆盖率，实现城乡各阶层共享运输发展成果。

3. 拓宽客运服务领域，满足多样化运输服务需求

鼓励客运企业向社会提供高品质服务，合理引导个性化、多层次的运输消费。鼓励发展水上旅游客运、包车客运、客车租赁等新兴服务形式，推行连锁经营等现代经营方式；以提高乘坐舒适性、运行可靠性和出行安全性为目标，调整客运车型结构，提高运输车辆等级，在数量和质量上逐步满足不同层次的公众出行需求；适应小汽车进入家庭和群众多

层次、多样化的出行需求，发展智能交通，拓展运输服务功能，显著提高交通综合服务能力，为出行者提供高品质运输服务；进一步完善运输服务设施，规范和促进汽车维修业发展，加快建立全国机动车维修救援网络，为人民群众安全、便捷出行提供更加人性化、多元化的服务。

五、全面提高公共服务能力

（一）提高公共服务能力是发展现代交通运输业的坚实基础

改革开放是发展中国特色社会主义的强大动力，加快行政管理体制改革，建设服务型政府，是深化改革的重要环节。"服务型政府"不是一个单独的概念，而是包含一组概念的复合概念，是一套系统的、完整的政府管理体系和运行机制，概括地说，所谓服务型政府，是在全心全意为人民服务理念的指导下，适应中国经济社会发展的新形势新要求，按照人民意志组建起来，以为人民服务为宗旨，能够公正、透明、高效地为全社会提供优质公共产品和服务的政府。

服务型政府的主要特征包括民主法治、有限开放、运转协调、高效廉洁。

民主法治。民主是服务型政府的前提，法治是现代行政的基本手段、发展趋向和根本标志。民主政府，是一个人民民主和对人民负责的政府。人民是国家政治权力的根源，政府受人民委托行使权力。公民通过正常程序和渠道参与国家治理，表达自己的愿望。法治的实质是秩序，政府既是秩序的建立者，更必须是秩序的遵守者。政府机关应该依法行政，一切政府行为都应纳入法治化轨道，建立相应的权力监督体系，严格执行行政执法责任制和行政过错责任追究制等，做到有权必有责、用权受监督、侵权要赔偿。在制度建设上，合理规划权力、利益与责任的关系，以责任制约权力，强化政府在公众心目中的公信力。

有限开放。现代政府是一个权力有限的政府，其权力的最大边界是以不损害公民合法权益为基本限度。政府不是"划桨者"，而是"掌舵者"，它的主要职能在于弥补"市场失灵"。另外，透明是现代政府的形象，也是服务型政府必须选择的行为方式。服务型政府必须是"阳光政府"，要根据公众的需要提供政务信息，落实公民的政治知情权。政府的各项政策措施，特别是与人民群众利益密切相关的行政事项，除涉及国家机密、经济安全和社会稳定的以外，都应向社会公开，给人民群众以更多的知情权和监督权，制定相关政策和制度来保障人民参与政府决策，有效监督政府行为。因此，树立开放这个行政理念是对服务型政府的基本要求。

运转协调。在服务型政府体系中，中央政府与地方政府、上级政府与下级政府、政府与所属部门之间政令畅通，政府各部门之间协调一致，整个行政体系目标统一、运转有序。这要求政府职能界定科学清晰，机构设置合理精干，分工明确，职权责统一。建立一套理性、精干、高效的政府行政机构，是现代文明社会发展的重要标志。合理分权，是完善政府治理、优化政府结构的一个重要内容，是建立服务型政府的重要手段。

高效廉洁。服务型政府必须高效行政、廉洁从政。高效行政，就是政府运转顺畅，办事效率高，行政成本低，管理效益好。这是判断一个公共管理体制是否优良的基本标准，是判断政府是否有能力承担公共服务职能的主要标准，也是建设服务型政府的关键和中心环节。廉洁从政，是对服务型政府最基本要求，政府及其工作人员必须加强廉政建设，杜绝腐败现象，做到用权为公、执政为民，决不能以权谋私、化公为私。

交通运输行政部门要成为负责任的政府部门，在推进现代交通运输业发展的进程中，各级交通行政机关是关键。在新的形势下，建设服务型政府交通运输部门既是落实加快行政管理体制改革、建设服务型政府的必然要求，也是做好"三个服务"、推进现代交通运输业发展的坚实基础。

（二）全面提高公共服务能力的重点任务

当前和今后一个时期，建设服务型政府交通运输部门，深入贯彻落实科学发展观，按照建设服务型政府的总体要求，以转变政府职能为核心，强化公共服务和行业管理职能，健全完善惠及全民的交通公共服务体系，促进行业管理由主要以管理主体为重心向以服务对象为中心转变，着力解决好事关人民群众最关心、最直接、最现实的利益的交通问题，努力为人民群众提供方便、快捷、优质、高效的交通公共产品和服务，更好地服务于国民经济和社会发展全局，服务于社会主义新农村建设，服务于人民群众安全便捷出行。

1. 转变政府职能，强化公共服务

一是完善行业监管。不断健全交通运输市场经济体制，加强和完善行业监管，有效发挥政府调控与市场机制的双重作用。要加快政府职能转变步伐，按照公益性服务由政府提供、经营性服务由市场提供的原则，有效行使政府职能，在应由市场调节的领域充分发挥市场机制对资源配置的基础性作用，并引导行业中介组织参与交通运输市场的管理和监督。同时，进一步完善市场监管体系，有效运用经济、法律手段以及必要的行政手段，通过制定产业政策、规划计划、法律法规，运用经济杠杆和价格政策等，实现宏观调控，规范市场秩序，为经济主体创造公平竞争的市场环境。按照"市场分类、企业分级、类级相符、动态管理"的原则，对交通建设与运输服务市场进行监管；进一步完善市场准入与退出机制，强化经营者依法经营、诚实守信的意识与自律行为；加大对违法、违规经营行

为的监督和执法力度，充分发挥社会和公众的作用，形成公众监督、行业自律、政府稽查的市场监督体系。

二是强化公共服务。按照以人为本、亲民便民的现代行政理念，改革和完善政府交通部门行政方式与工作方法。在自身建设上，一方面，强化思想教育，改善工作作风，激发机关工作人员的事业心和责任心，倡导为民服务的道德风尚，强化服务意识、增强服务效能、提高服务水平，促进交通行政从管理型向服务型转变；另一方面，提高行政效能，推进依法行政，简化办事程序，规范行政权力运行，减少和规范行政审批，提高政府工作效率和公共服务水平。

在政策倾向上，首先，要体现经济性原则，加强路、港、站等公共基础设施建设，为社会公众提供优质便捷、成本低廉、经久耐用的交通公共产品，提升交通运输服务的整体功能；其次，要体现安全性原则，继续实施公路安保工程，加大危桥维修改造力度，整治内河和沿海港口公用航道，改造乡镇渡口，推行船舶标准化，加强海上搜救力量建设，不断提高交通运输公共产品和公共服务的安全性；最后，要体现均等性原则，完善扶持经济欠发达地区和广大农村公共交通发展的政策措施，改善经济欠发达地区和农村公共交通服务，推进农村客运网络化和线路公交化改造，加快推进城乡一体化进程，促进交通运输服务均等化。

三是提高科学决策水平。立足长远，放眼未来，不断提高决策的科学性和长远性，推动交通运输科学发展。

建立健全重大交通决策的专家咨询、社会公示、听证和信息公开等制度，推进科学化、民主化建设，健全重大问题的专家咨询、社会公示、听证和新闻发布制度，提高决策的透明度和公众的参与度，增强科学决策、民主决策、依法决策的能力与水平；充分发挥规划、政策等在转变交通发展方式、推进现代交通运输业发展中的导向作用；进一步完善交通运输发展战略规划体系，更加关注资源节约、环境保护、安全保障等方面要求，强化交通运输节能减排、环境保护等专项规划与相关政策，加强相关规划的衔接和协调，提高科学决策能力。

2. 整合管理资源，完善体制机制

一是整合行政机构，提高行政效率。按照国务院"三定"方案及行业管理职能划分，重新调整行政机构设置和职能划分，根据"精简、统一、效能"的原则，归并职能相同或相近的机构，进一步明确界定交通运输管理机构的职能。

二是整合执法资源，提高执法效能。结合各地实际，逐步推进交通行政综合执法，在进一步修改相关法律的基础上，研究探索建立与社会主义市场经济体制和交通又好又快发展相适应的交通综合执法体制；组建各级综合执法机构，行使交通运输的检查处罚权，独立承担执法的后果和责任，真正实现综合执法队伍统一执行相应职权的目标；同时，规范执法程序，按照方便行政相对人的原则，简化程序，规范操作，并赋予行政相对人以知情权。

三是整合各类运输资源，促进综合运输体系发展。完善不同运输方式之间的协调配合，最大限度地提高现有运输资源的效率，实现交通运输基础设施的统一规划、统一布局，促进交通运输网络向结构合理、布局协调的方向发展，加强各种运输方式间的有效衔接，实现主要运输通道、运输枢纽、信息资源等的整合，建设便捷、通畅、高效、安全的现代综合运输体系，提高运输系统的整体效率，为国民经济发展和社会大众提供优质高效的运输服务。

3. 强化政策创新，健全政策体系

强化政策创新，是政府交通运输部门能力建设的重要着眼点之一，也是促进交通运输科学发展的重要环节。新时期新阶段，应立足于交通运输发展的战略全局，顺应国家行政管理体制改革和政策科学演进的趋势，以科学的态度和战略的眼光进一步推进政策创新。

六、强化交通科技创新能力

（一）强化交通科技创新能力是发展现代交通运输业的内在动力

科学技术是第一生产力，它对世界发展和人类文明进步有着巨大的贡献和深刻的影响，给人类的生产生活方式和思想观念带来革命性变化。同样，科技进步与创新也是发展现代交通运输业的内在动力。

科技创新是开启交通运输发展新纪元的钥匙，是开拓交通运输生产力发展新局面的第一动力。纵观世界交通运输发展史，人类每一次在交通运输科技上的突破性进展，就预示着一个新的交通时代的到来。

正是科学技术在交通运输领域的广泛应用，才催生了现代交通运输业的形成。推进现代交通运输业发展，需要充分发挥科技创新的支撑和引领作用，特别是要充分利用现代信息技术和现代管理技术。比如，发展现代物流的关键是应用现代信息技术，实现信息流的整合，利用现代管理技术，实行供应链管理，实现生产经营流程的再造，提高运营效率。

因此，充分发挥科技的引领作用，对于加快发展现代交通运输业，进一步调整交通结构、转变发展方式、注重推进创新和强化行业管理，具有重要意义。在实际工作中，必须将科技创新贯穿交通运输工作的各方面，大力推进现代交通运输业发展。

（二）强化交通科技创新能力的重点任务

提高自主创新能力，建设创新型国家。这是国家发展战略的核心，是提高综合国力的关键。科学技术既可以提升改造交通传统产业，还可以引领催生新的运输服务业态。交通行业要按照建设创新型国家的战略部署，深入实施"科教兴交"战略，按照"以人为本、需求引导、综合集成、强化创新、重点突破"的基本方针，大力推进交通科技创新，建立以市场为导向、企业为主体、产学研相结合的交通科技创新体系，努力突破一批行业共性关键技术，强化科技成果的转化和应用，全面提升交通发展的科技含量，进一步强化科技创新的引领作用，为发展现代交通运输业提供强有力的支撑。

1. 加强交通科技创新能力建设

交通科技创新体系是由政府交通部门、企业、科研机构、高等院校、科技中介组织共同组成、高效互动的有机整体。加强交通科技创新体系建设，要发挥政府交通运输部门的主导作用，把握交通科技发展的方向，营造科技创新的良好环境，组织重大科技活动，实现技术的重点突破，引导社会科技资源的有效配置；发挥企业在行业技术创新中的主体作用，交通企业是交通科技创新的主体，充分调动和发挥企业在市场优化配置资源中的主动性、创造性，保证交通科技创新的活力；发挥科研机构、高等院校的主力军作用，交通科研机构、高等院校是应用基础性研究、公益性研究、行业共性技术和重大工程技术研发的主力，要成为交通科技创新的重要研究基地；发挥科技中介机构的桥梁和纽带作用，着力培育交通科技中介机构，发挥科技中介机构推动知识传播和技术应用中的桥梁与纽带作用。深化科技体制改革，营造科技人才发展的良好环境，充分吸纳社会科技资源，更新科技发展理念，逐步形成一个适应交通现代化要求、政府主导与市场机制相结合、创新能力强、创新效率高、符合交通科技自身发展规律的创新体系。

2. 大力推进行业重大关键技术研发

贯彻增强自主创新能力的战略思想，充分研究和把握未来交通发展对科技创新的战略需求，强化创新，重点突破。要集中力量支持对行业或区域交通发展具有基础性、全局性、牵动性的重大科技项目，着力解决交通发展的重大科技问题。力争在一些交通重大技术领域，特别是在特殊条件下的交通建设重大技术、解决资源环境瓶颈约束关键技术和交通安全保障关键技术上有所突破，充分发挥科技对交通发展的支撑作用；要选择一批关联度高、应用面广的先进适用技术和重大共性技术，加大科技攻关、技术集成和推广应用的力度，充分发挥科技对交通发展的推动作用；要凝练出一批具有战略性、前瞻性和全局性的重大前沿技术，实现重点领域的跨越发展，充分发挥科技对交通发展的引领作用。

按照现代交通运输业发展的需要，针对全局性、方向性、综合性的关键技术问题，大力推进交通科技自主创新，鼓励原始创新，强化集成创新和引进消化吸收再创新。在基础设施建设中实现重大工程的技术突破，在运输服务领域加大现代信息技术、管理技术等的集成应用，更加重视决策支持、智能交通、现代物流、交通安全、资源节约、环境保护、减灾防灾等方面的技术研发，强化基础性研究，攻克关键性技术，突破牵动性技术，普及应用型技术，促进高新技术在交通领域的应用。

3. 加强先进适用新技术推广应用

鼓励因地制宜、就地取材，选用适宜地方特点的路面材料和结构形式。大力推广材料节约与循环利用技术，大力推广应用环境及生态保护技术。积极研发应用溢油监视、鉴别、处理和生态评价技术，鼓励开发和推广应用船舶防污染技术。研发应用防灾减灾、风险源辨识监控预警等交通安全新技术。加强运输车、船节能技术的研发和应用。鼓励在交通建设、运营、运输过程中使用太阳能、风能、生物质能、燃料电池等清洁能源。

4. 加快现代信息技术研发应用

大力推进行业信息化建设，鼓励交通企业利用现代信息技术提升企业核心竞争力。综合开发利用行业信息资源，建立资源共享的政府公共信息服务平台和管理信息平台，完善公众出行信息服务平台，建立物流信息服务网络，为公众出行和货物运输提供及时、准确、高效的交通信息。研发应用营运车辆的卫星监控和实时跟踪系统，建立全国道路运输车辆、营运驾驶员和经营业户数据库，加强行业信用信息系统建设。

5. 强化科技成果转化和推广

要在充分重视知识产权保护的前提下，做好科技成果的推广应用和产业化工作。高度重视应用型技术的研发，积极采用新技术、新材料、新工艺、新装备，鼓励使用创新成果，建立和完善科技成果推广应用的有效机制，促进科研成果的产业化发展。充分利用科技信息资源共享平台和技术交流等多种形式，交换信息，共享成果；大力实施科技成果推广示范工程，加快资源节约、环境保护、节能减排等技术的示范和推广。鼓励把先进、适用的科技成果及时纳入标准规范，或通过发布技术指南的方式予以应用。政府采购应优先购买中国自主创新的产品或服务。组织开展交通科技下乡、科技下基层活动，采取多种方式，向在农村公路建设、基层公路与航道养护部门等生产一线工作的同志传授实用科技知识，提高他们的知识和技能水平。

6. 注重行业标准规范制修订

进一步完善交通技术标准规范体系，形成以行业标准为主体，以地方规定、企业指南和项目指南为补充，结构合理、功能完备的科学体系。强化安全标准和运输服务标准，加强节能减排、环境保护标准体系建设。建立开放、及时的标准制定、修订机制，积极引进、消化和吸收国外先进标准，加快标准规范更新。优先采用具有自主知识产权的标准，及时淘汰落后标准，支持企业、社会组织参与制定标准规范。鼓励结合地区特点制定地方标准。

第 三 章

公路运输的经济学应用

第一节　城市公共交通经济学

一、出租车市场的经济学解释

（一）出租车价格管制

1. 出租车费率

出租车市场的价格管制是随着出租车市场的逐渐繁荣和计价器的引入而确立的。管制下，出租车运价成为一种"固定"价格，即司机向乘客收取的费用名义上只能是计价器显示的数额。司机不允许随意提价，也不能降价。最初，仅采用按车型和里程定价。里程定价又分为起步价和单位里程价格。固定定价的好处是避免了大量的交易成本——讨价还价的成本、由于信息不对称被交易对方欺骗的成本、由于交易不成耽误的时间和精力，以及由于消费者被欺骗后反馈带来的投诉和城市形象受损等。

2. 固定费率的不足

固定的费率体系对于市场供需关系的变动并不敏感。

当市场供不应求时，出租车司机无法通过提价来接近市场均衡价格，因此，往往采取挑选"优质顾客"的方法来避免出现较高的机会成本。例如，高峰期一名前往几千米外的市中心拥堵地区的顾客，常常不会被定义为"优质顾客"，因为，花费同样的时间，司机往往可以在不太拥堵的市郊获取更多的净收入。

另一方面，当市场供过于求时，出租车司机也较难通过降价来争取顾客。因为，在一个城市区域中，所有同一类型车辆的定价是相同的。司机很难在行驶中表达他试图降价的意愿。替代的做法是停车与潜在的顾客协商，或干脆暂停运营以减少车辆的空驶。后者又进一步加强了管理者心中出租车运力过剩、车辆空驶率太高、需要加强运力管制的印象。

3. 新技术的影响

时至今日，我国大城市出租车计费模式较传统的里程计费丰富了不少，燃油附加费、按堵车时间增加收费、长距离跑空费、预约叫车费等均一定程度地影响了出租车司机的供给意愿和消费者的需求意愿。不过，显然仍未完全达到高峰时段或恶劣天气下的市场均衡价格。因此，无法真正地解决"打车难"的问题。

近年来，随着信息技术、通信技术和网络支付技术的改变，出租车市场的供需矛盾正在得到缓解。以"滴滴打车"App（出租车选项）为例，在供不应求时，需求者可以通过"小费"等操作进行加价从而将自己升级为出租车司机眼中的"优质顾客"；在供过于求时，出租车司机可以通过定位顾客的具体位置减少空驶里程，并规避"被顾客挑选"的风险（部分打车人在可能的情况下有选择出租车车型、新旧程度乃至颜色的偏好）。简言之，出租车打车软件通过"加价"和"定位"等功能，进一步"精确"了出租车的市场供需。由于此类"加价"功能是对既有出租车价格体系的一种挑战，在一些城市已被叫停。

（二）出租车司机收入

1. 出租车司机的资产专用性

需要说明的是，出租车供给的收入与出租车司机的收入并不相同。出租车供给的收入主要受出租车需求、运价和运力管制等因素影响，出租车司机的收入则主要受劳动力市场供求状况影响。当前，出租车行业常常被指责存在"垄断暴利"，但很少有人会认为出租车司机仍属于高收入职业。

实际上，20世纪80年代到90年代中期，出租车司机是一个收入颇高的群体。原因很简单，那个时代很难获得汽车驾照，因而小汽车司机的劳动力具有较强的资产专用性。当时的驾照考试制度与现在大不一样：学车大多是在单位跟着会开车的师傅学，且不是随便就能学的，每个单位的学车名额指标是车管所根据该单位的车辆数量分配的，学车名额分配到单位之后，谁能够成为学车的幸运儿就说不定了；个人如果选择在屈指可数的驾校学习，不仅需要脱产，学费也是相当高昂，甚至超过了一般职工一年的工资；当时学车的内容也很严格，从学习到最终领取驾照有的需要两三年的时间，不仅需要培养扎实的驾驶技术，也需要花很长时间学习汽车维修技术，考试合格后才能领取驾照；有的还需要一年的实习期，一年中没出大事故才能换成正式驾驶证。

2. 向劳动密集型行业的转变

20世纪90年代末至21世纪初，随着驾校和学车人数量的日益增多，汽车驾照的含金量逐渐下降，出租车司机劳动力的资产专用性也逐渐消散。出租车司机也沦为不需要太多技术含量、劳动力市场竞争激烈的体力劳动密集型职业。而这样的职业，在中国大城市是无法获得较高收入的。

再次强调，出租车司机收入较低并不意味着出租车供给的收入较低。简单地讲，一辆出租车在一年中创造的价值还是很高的，出租车供给与司机的劳动力供给之间形成了较大的差距。

（三）出租车运力管制

1. 运力管制的内容

从管理者的视角来说，出租车市场运力管制的目的之一是控制市场中的总供给，因为，"多余"的出租车运力似乎会造成城市道路交通资源的"浪费"和更加严重的拥堵，出租车运力管制包含两方面：一是出租营运证（出租车牌照）管制，二是对非法营运车辆的管理。实际上，出租车营运证的管制决定了一个城市区域中正规出租车运力的上限，即所有出租车司机均保持最长工作时间并积极揽客时的总运力。而一个城市区域中出租车的实际运力会受到司机供给意愿的影响，例如，晚高峰时段，在市中心游弋的出租车数量可能非常有限，更多的车辆可能前往市郊运营；在暴雨暴雪等恶劣天气下，部分出租车甚至会暂停运营；在平峰时段，部分司机会找地方停车休整。对非法营运车辆的打击力度则影响了一个城市区域中"类出租车"（通过收取经济回报来提供载客服务的车辆）运力的上限。

2. 运力管制的结果

对于世界上的大部分城市而言，出租车运力管制与价格管制是一起实施的。打车难成为很多城市普遍存在的一个问题。

（四）出租车市场的"经济租"

1. "经济租"的形成

在出租车价格管制与运力管制下，出租车车费高于无管制的应有水平，消费者支付水平/意愿与出租车司机劳动力供给出现了的差距，从而形成了一类重要的"经济租"对于公司化管理的出租车主要表现为"份子钱"，对于个体出租车经营者主要表现为"牌照费"。这类似于垄断企业通过控制产量获得超额利润的做法。在经济较发达的城市（打车人的需求较高），如果出租车价格管制与运力管制较严格，"份子钱"或"牌照费"也会居高不下；而在经济欠发达的城市，"份子钱"或"牌照费"则有可能较为亲民。

2."经济租"与"份子钱"

以"份子钱"为例，作为出租车市场"经济租"的一种表现形式，"份子钱"在数量上并不完全对应于"经济租"。份子钱中有比较清晰的支出项，例如营业税，但亦有很多不够透明的支出项。理论上，出租车市场"经济租"应等于在"份子钱"中除去职工工资福利、车辆折旧、车辆保险等生产要素"影子价格"后剩余的部分。在20世纪八九十年代，出租车市场的"经济租"非常有限甚至可以忽略不计，而当前，"经济租"就非常可观了。这部分收益并不会全部流入出租车公司，而且，随着一个市场中出租车公司/集团/联盟数量的减少，出租车公司与其他部门或机构之间的交易成本也可得到降低，"经济租"变动和分摊的灵活性也有所提高。

3."经济租"的表现形式

需要说明的是，即使按照部分人的呼吁取消了"份子钱"，只要出租车市场的价格管制与运力管制不变，"经济租"就不会轻易消散，改变的只是"经济租"的表现形式和"经济租"分配时的交易成本。例如，假定某一时刻"份子钱"突然被取消，出租车公司也全部撤出（公司车辆全部交给私人车主），只要司机劳动力市场不出现阻碍，出租车司机的收入也不会出现大幅上涨。原理很简单，这些出租车的车主会利用管制下的市场优势攫取可观的"经济租"：即使车主原来就是艰辛的出租车司机，他/她也很可能去招新的司机顶替自己的角色，而自己变身为"雇主"向其雇用的司机发放工资（工资水平依旧与"份子钱"取消前相当）或向其雇用的司机收取"抽头"（可视为"份子钱"的变体，而被雇用司机的工资水平依旧与"份子钱"取消前相当）。前后的区别在于：由于无须与其他部门或机构分享"经济租"（仅凭这一点就可反证该情形不会被允许出现），加之可以避免不少"公司"内部的管理成本，个体雇主的单车收益水平要高于原来的出租车公司。

（五）新事物与展望

1. 网络约车的影响

近年来出现的网络约车平台，其经济学实质是借由更加灵活（如果和提供相似服务的出租车相比，则提供了更低的运价）的定价和服务组合，通过对出租车价格管制和运力管制的规避，获得了相对于传统出租车的供给优势。在这样的竞争下，传统的出租车行业自然难以抵挡。特别是对于"经济租"水平较高和出租车运力保有量较大的城市来说，网络约车平台的冲击更大。

在以往的出租车行业并没有实行差异化定价，主要是因为它既往采用的是"人制"化管理：中心人工调度+路边随机招停。由于这个行业的随机与高频次服务次数，要人工随行就市地实行差异化定价是完全不可能的。但滴滴作为基于移动互联网的新经济业态，它几乎可以自动化匹配（运行），因此就有能力再一次重操相关行业的差异化定价，以期最大限度地提升这场游戏中供需双方的满意度，虽然平台型业态的差异化定价的主旨在于提升供需双方的满意度，并非平台的直接盈利。

2. 出租车市场展望

简单地说，出租车市场的价格管制主要是为了给市场交易提供价格标杆，以减少信息不对称条件下的市场秩序混乱；出租车市场运力管制的出现是消费者支付能力上升和出租车司机劳动力价格下降大潮下的产物，而依托出租车公司的牌照管制在全国得到如此迅速的推广，既有降低管理成本方面的考虑，也有以相对较低的管理成本获取"经济租"的目的。在城市化进程非常快的地区，消费需求、服务范围、竞争性交通方式的发展瞬息万变，加之汽柴油等生产要素价格的波动，出租车市场中协调一致的价格管制、运力管制和"经济租"的测算变得非常复杂，导致各类管制的调整难以及时跟上变化。面对滴滴等新兴势力的强势竞争，传统出租车行业及其管制模式，都需要进行改变和调整，以适应市场需求和城市发展的需要。与此同时，滴滴等也可能主动或被动地顺应当地政府的监管，以取得完全"合法化"的身份。

二、城市公交市场的经济学解释

（一）大城市公共交通的经济属性

经济学公共物品理论将全部社会物品分为三类：私人物品、公共物品和准公共物品。大城市公共交通兼具了公共物品和私人物品的属性。

一方面，虽然每一个社会成员都可以乘坐公交，公共交通似乎并不排他。但现实中，目前在技术上和经济上已经可以实现有效排他。例如，在各大城市得到广泛使用的公交老人卡、学生卡则有助于识别出某一年龄段的人群。简言之，大城市的公共交通系统已经初步具备了"排他"的条件。

另一方面，人们对城市公共交通的使用会影响其他人对公交物品的消费。例如，在工作日的高峰期或高峰线路上，当公交车辆满载甚至超载时，存在较高的边际拥挤成本。除此之外，出于道义，老年人等弱势群体享有公交座位使用的优先权，这亦会影响到他人对"座位"物品的消费。简言之，城市公共交通在大部分时空中亦具备"竞争性"。

综上所述，不应因为公共交通的名称含有"公共"两字而认定其就属于"公共物品"。实际上，在大城市客流密集的地块或交通走廊，城市公交更接近于经济学中的"准公共物品"（有竞争，但不排他）甚至"私人物品"，可以由自由市场中的企业提供服务。在客流较为稀少的平峰/低峰时段或城市地块，城市公交更接近于经济学中的"公共物品"，更需要由政府保障企业不愿提供的"普遍服务"。上述组合类似于邮政系统中的特快专递服务和普通包裹服务的关系。若干年之前，在邮政法"信件和其他具有信件性质的物品由邮政企业专营"条款的庇护下，邮政系统包揽了上述服务。然而，许多民营快递和外资快递的快速发展证明，特快专递市场可以更有效率，服务水平也可以更好。

实际上，自20世纪末年开始，我国的城市公交系统一度对民营资本敞开大门。但是，随着城市化进程的加速，政府开始加大公交财政补贴并重新主导公交市场，民营资本也不得不逐渐退出城市公交市场。直至现在，形成了政府高补贴下的城市公交市场供给。

（二）大城市公共交通出行者的需求特征

城市交通的本质，是为了满足"人"的出行需求。良好的城市交通意味着人们能够以适当的"交通成本"满足其"交通需求"。这里的"交通成本"既包含显性成本（如票价、油费）、出行时间，也包含隐性的出行风险和精力、体力损耗；而"交通需求"不仅与人们更本源的"出行需求"（工作、休闲、购物、社交）有关，也包含了可达、可靠、舒适、私密等方面的个体效用。

一种观念认为，在中国，公交车对老百姓来说是一个缺乏弹性的商品。然而从运输经济学的视角来看，单纯地分析公共交通的"价格弹性"本身就是一种不够全面的做法。毕竟，公共交通的（潜在）消费者看重的不仅是票价。可以这样理解：公交票价、出行时间价值的高低（受出行者自身特征与出行目的的影响）和出行者"服务水平弹性"（常被忽略）共同决定了其"乘坐公交出行的意愿"。进一步分析，大城市居民的公共交通出行需求特征可以按照人群差异分为学生群体、老龄群体、上班族三类。

1. 学生群体

学生出行时较偏重安全性，因此在中长距离通学出行时往往倾向于使用公共交通而非慢行交通（非机动车与步行）。加之其出行时间较集中（特别是早高峰时），因此，若从价格弹性的单一视角来看，学生群体在高峰期的公交需求价格弹性并不高。然而，公交学生票优惠在不少城市都已经成为一种"传统"（需要注意的是，校车与公交车的区别，前者可以得到教育系统内部的资金流入，而后者得到的是城市财政的支持）。一些城市在取消学生票优惠后，公交车甚至遭到了家长的封堵。

2. 老龄群体

由于老龄群体自身活动能力相对较差，在城市公交与慢行交通的选择中常倾向于前者。因此，从全时段来看，老龄群体的公交需求价格弹性应当较低。然而，老龄群体出行的机会成本相对较低，加之大多具有节俭的习惯，因此这一群体在选择交通方式时常常偏重经济性，这又导致其公交需求价格弹性偏高——表现为老龄群体常常较灵活地调整出行时间段和出行频次。简言之，高峰期老龄群体的公交需求价格弹性反而较高。同样，公交老人卡优惠甚至免费在不少城市都已经逐渐成为一种"潮流"（政府财政对这种优惠和免费给予了充足的资金支持）。不过，这种做法也遭到了部分年轻乘客和公交司机的反对。车票优惠甚至免费政策带来了老年人更高频次的出行，对于年轻乘客来说，由于老年人对座位通常具有被动甚至主动的"优先权"，车上更多的老龄乘客也意味着自己更少的就座概率；对于公交司机，则增加了乘车时发生意外的概率与公交司机/公交企业的风险损失。

3. 上班族

在高峰时段，出于通勤出行时间较集中，上班族普遍注重准时性，加之大城市普遍的"职住分离"现象，人们会根据各交通方式的提前时间和可靠性选择出行方式和出发时间。此外，这一群体出行的可选方式较多——非机动车、步行、私家车、出租车。出于支付能力和"服务水平弹性"的差别，上班族中的中高收入者在高峰期的公交需求价格弹性较低，但是对公交服务水平要求较高，这一特点在其休闲购物出行时更为显著；低收入者的公交需求价格弹性较高，对公交服务水平的要求有限。

综上所述，大城市公共交通出行者的需求特征存在显著的差异性。因此，大城市公共交通的发展要及时顺应服务对象的生活方式和出行需求的变化，应当努力去了解和把握各类城市出行者在不同交通供给水平和广义成本下的出行意愿，并充分尊重人们的选择，提供相适应的交通服务，而不是根据所谓的"国际经验"去代替人们做出选择。

（三）大城市差异化公交服务模式发展的必要性

差异化公共交通服务模式，对于中国大城市来说是一种创新。狭义上，这是指短距离费率高以及长距离费率逐渐降低的差异化定价结构；广义上，是指服务水平与服务费用的差异化，类似于高铁动车与普通列车的高票价提供高水平服务，低票价提供一般服务。下面主要探讨后者。

1. 符合资源使用的效率原则

差异化公共交通服务模式，符合社会资源使用的效率原则。从经济学的角度来看，公交价格不仅是一种"负担"，更是同时引导消费者和供给者的有效信号，是一种资源调节方式。为了实现资源的有效利用，价格应该等于所提供产品或服务的机会成本，换言之，公交票价应该对应于做出每一次位移或出行决策的短期边际成本。过低的公交票价会导致公交需求过于旺盛，但公交企业没有兴趣增加供给。尽管此时政府可以通过财政补贴对公交企业提供补偿，但补贴机制下的公交服务与市场机制下的公交市场服务存在着显著的区别：市场机制下公交企业需要考虑如何让千千万万的乘客个体在千差万别的微观行程中满意，而政府补贴机制下的公交企业则偏重于达到宏观指标（例如公交总客运量、公交出行比重）。这些宏观指标往往旨在"公平"而非效率，例如，为了购买鸡蛋能够节省 2 元而乘坐 2 次"免费"或低价公交前往较远的超市（两段公交运程的边际成本合计为 3 元），尽管在数字上提高了公交客运量和公交分担率，但是，此类低效率的公交出行不仅占用了本不必消耗的公交资源，同时也对同车的其他乘客造成了不可忽略的影响（高峰期和高峰线路尤其明显）。因此，一味地采取低票价策略，未必能够提高城市公共交通工具的利用效率，过低的公交票价甚至会导致对公共交通资源的滥用。

2. 有助于吸引客源

差异化公共交通服务模式，有助于最大限度地吸引客流。现实中，并非所有出行者都会受到低票价吸引而选择使用公共交通方式。随着社会的发展，越来越多的城市出行者逐渐追求更高品质的出行，而低价公交往往无法提供高水准的服务。因为，从公交供给的主体——公交企业的角度来看，公交服务水平与公交运营成本即使不是完全一一对应，也基本是同向变动的。因此，即使公交票价低廉，较低的服务水平也足以吓退"服务水平弹性"较高的出行者。为了吸引越来越多的追求生活品质的出行者，必须提供高服务水平的公共交通。

3. 有助于缓解城市交通拥堵

差异化公共交通服务模式，有助于缓解城市交通拥堵。从交通系统的角度来看，（所有乘客统一的）低票价并不是所有公交出行者以及潜在出行者考虑的最重要因素，亦不是提高公交分担率的唯一有效途径。"公交优先"不仅意味着对公交路权和财政投入的保障，更重要的是切实提高乘客服务水平。因为，对于可能从使用小汽车/出租车转向乘坐公交车的出行者而言，公交服务水平（便捷性、舒适性、安全性等）才是影响其出行选择的关键。当前较低的公共交通服务水平，不仅降低了公交乘客的福祉，也造成了小汽车的更多出行和城市道路的过度拥挤，从而降低了城市交通系统的整体运行效率。从理论上看，如能将众多小汽车出行者吸引至公交出行，可以有效地降低道路交通拥挤程度。

需要指出的是，上述理想的交通方式转换很难通过低价公交实现，相对于票价低廉但服务水平一般的传统公共交通供给模式，高服务水平、高票价的公共交通服务模式将更具吸引力。面对存在多元出行需求的大城市居民，公交的服务对象也不仅是所谓的"低收入者"。通过公共交通票价的引导作用，合理调节各收入层次的居民对公交方式的选择；通过公交服务水平的多元化，促使更多的小汽车出行者转乘公交并放弃日常通勤驾车，从而有效地缓解有限路面所承受的交通压力。

（四）大城市差异化公交服务模式发展的可行性

1. 市场需求的可行性

大城市的城市化进程提供了差异化公共交通服务模式的潜在需求市场。20 世纪 90 年代以来，随着单位制度的解体，原有"职住合一"的城市空间模式被打破。城市更新、产业升级、旧城改造、房价高涨等一系列因素导致经济活动和居住用地分离（职住分离）的趋势逐渐明显，给城市交通造成了巨大压力。而大量的中远距离机动交通需求为差异化公交服务的发展提供了机遇。

对于使用小汽车进行中长距离通勤的出行者来说，交通拥堵带来的交通延误、精力损耗以及事故风险是其普遍感受到的主要困难，燃料和停车费用在制约小汽车使用的因素中却并不是非常重要（以通勤交通为例，很多单位均拥有内部停车场，尽管停车竞争愈来愈激烈，但相比单位外的公共停车场还是能够节约相当的停车费用）；由于公共交通过于拥挤、路线设置不合理以及偷窃行为普遍等问题，小汽车出行者对公共交通服务的评价普遍较低，他们宁可忍受极高的出行成本，也不愿转而使用公共交通方式通勤。如果能够有效解决公共交通服务水平低下的问题，相当比例的小汽车通勤出行者可能会转向使用公共交通工具。

2. 市场运作的可行性

（1）公交服务水平对小汽车出行者的影响

尽管"公交优先"已逐渐成为共识，但公交服务水平（狭义上，是指公交乘车与候车的服务水平；广义上，则包含了出行者在公共交通工具上、在站台候车、查询公交信息甚至两端慢行交通的服务水平）在很多大城市仍未得到本质的提高。

值得注意的是，在城市出行方式选择方面，有一类重要出行者的真实意愿遭到了绑架：意向乘坐公共交通工具的出行者由于公共交通/换乘服务水平的限制不得不被动地选择小汽车（私人小汽车、出租车、专车等）出行。为便于叙述，特将这类出行者定义为"被小汽车化人群"。现状公共交通和停车换乘供给水平的低下，不仅造成了公共交通的过度拥挤和小汽车的更多出行，也降低了"被小汽车化人群"的福祉，从而降低了整个城市交通系统的运行效率。

（2）公交服务水平提升的经济阻碍

将可能转用公共交通的"被小汽车化人群"排除在公共交通的服务对象之外，抑或有经济上的考虑。对于城市管理者来说，小汽车（私人小汽车、出租车等）出行者的人均贡献（税费）要远高于公交出行者和慢行交通出行者。因此，较低的公交服务水平（较高的公共交通通达率或覆盖率并不是高服务水平的充分条件）有助于将摇摆不定的小汽车出行者与坚定的公交出行者区分开。

当然，实际上，公交车、地铁和公共自行车出行者也在其他领域支付了税费，这些税费是政府财政的主要来源，地铁的建设和延伸极大地带动了城市房地产事业的发展，因此不能认为人们"免费"地获得了全部的补贴；同时，各级政府在城市地面交通基础设施的维修、养护、管理、资产折旧和还贷中投入了大量的财力、物力，因此也不能认为出租车和私家车出行者的税费支出没有回报；最后，小汽车出行者上缴的税费中有相当一部分，例如燃油税、车辆购置税等，归入了国家财政，地方政府无权直接支配。

尽管如此，通过简单的横向对比依然可以清楚地看出，出租车和私家车出行者与公交车、地铁和公共自行车出行者可能被视为两类消费者对待：出租车和私家车出行的需求弹性较低（可能是因为出行者的支付能力较强，也可能是这些出行比较重要或紧急），因此出行者被认为属于支付意愿可以远超边际成本的人群（类似于飞机公务舱的乘客）；而公交车、地铁和公共自行车出行的需求弹性较高（可能是因为出行者的支付能力较低，也可能是因为这些出行并不重要或不紧急），因此出行者被认为属于支付意愿不能偏离边际成本过多的人群（类似于飞机经济舱的乘客）。

第二节　城市慢行交通经济学

一、公共自行车系统的经济学解释

在分析公共自行车的使用效率时，不应单纯地将其与私人小汽车等交通方式进行比较，并简单地得到"公共自行车低碳环保因而需要鼓励发展"的结论。道理很简单，公共自行车相对于其他交通方式的几乎所有优点，都能通过私人自行车获得。下面主要从消费者和城市管理者的角度，比较公共自行车与私人自行车在经济方面的短长。

（一）消费者视角的分析

1. 公共自行车的优势

（1）可以"免费"使用车辆

在中国，对于大部分公共自行车的使用者来说，得到的服务是"免费"的。众多城市的公共自行车收费标准规定了前 1~2 小时不收费，而自行车交通方式自身的特点，出行者很少长时间的骑行，因此，免费时长足以让绝大部分使用者完成单次出行，也给公众带来了公共自行车"免费"的感受。

严格地说，公共自行车的使用并不是完全免费的：公共自行车服务常常是通过地方财政进行补贴，因此，使用者通过支付税费，实际上已经支付了公共自行车使用的部分费用。可见，公共自行车财政补贴属于一类交叉补贴——不使用公共自行车的居民补贴了使用公共自行车的出行者。另外，部分城市对于公共自行车的使用者会收取押金，押金的资金成本——利息也是公共自行车供给的收入来源之一，尽管这部分收入并不算太多。

（2）减少了车辆管理成本

公共自行车统一的外形、亮丽的颜色、较坚固的停车桩以及较低的骑行品质，均大大降低了车辆的失窃率。因为，试图出售失窃公共自行车的卖家，不仅要承担更高的被举报或被识破风险，也需要支付高昂的换色和改装成本，才能向买家提供品质堪比私人自行车的产品。

实际上，较高的被盗风险是私人自行车使用中一类重要的成本。由于自行车被盗后往往难以找回，为了防止车辆被盗，使用者需要慎重地选择停车场地和停车时间。

（3）便于非"基家"的自行车出行

尤其方便家庭和单位以外的起讫点与公共交通站点（地铁站、公交站）间的衔接，解决由公共交通站点密度不足导致"最后一公里"步行距离过长的问题。出于担心车辆被盗和节省费用的考虑，亦有一部分出行者在"基家出行"（家庭是起讫点中的一个）时也选择公共自行车。

2. 公共自行车的不足

（1）难以提供真正"门到门"的交通

公共自行车的租借点常常分布在城市道路或旅游景区道路两侧的人行道和公共交通站台区域，站点间距通常在 300 米以上，导致使用者常常需要配合借、还车两端的步行来完成全部交通行程。相对私人自行车可以直接行驶并停放在住宅、单位楼下来说，公共自行车难以提供真正的"门到门"交通服务。

（2）骑行更费力，舒适度不如私人自行车

很多国内城市的公共自行车采用的是实心轮胎，骑行起来比充气胎要费劲。原因主要有两点：一是因为实心胎比充气胎要重，从而摩擦力较大；二是，实心轮胎比较容易受重量和温度影响而变形，车轮不圆也会使骑车人感觉很累，同时颠簸也更加严重。

而公共自行车为何放弃使用充气轮胎，主要是由于维修成本和人力成本较高。据某市公共自行车管理中心经理反映，使用充气胎的那批公共自行车，内胎平均每个月就有50%的更换率，99%的自行车每天都要充气。相比较而言，实心轮胎更加耐用、维修率低且不易爆胎，也间接降低了车辆被盗的风险。

（3）车辆使用功能单一

由于公共自行车没有安装后货架，载货能力大打折扣，亦无法载人。虽然公共自行车普遍安装有前车篓以提供一定的载货能力，但同时也增加了车辆控制与转向的难度。

（4）可能遇到租借点"空桩"或"满桩"问题

租借点"空桩"指的是某一时刻某一租借点的车辆全部被取走的情形，与之相反，"满桩"意指租借点的停车桩位全部被占满的状态。"空桩"时潜在的需求者无法得到服务，"满桩"时消费者需要费时费力地原地等待或更换租借点。当然，这属于供需不平衡时的规划和运营问题，并非公共自行车体系的必然，也可以通过车辆/停车桩数量的合理布设和及时的车辆调度加以解决。

简单地说，公共自行车的使用者以较低的显性费用获取了一类需要消耗较多体力和舒适性且具有更多使用空间限制的自行车租借服务。相对于私人自行车，公共自行车的主要优势在于其降低了自行车的购置成本、停车成本和失窃的风险。

（二）城市管理者视角的分析

1. 公共自行车的优势

（1）提高城市交通效率

公共自行车的人均使用次数较高，一般为4~6次/日，要高于私人自行车（通常被认为低于3次/日），因而在一定程度上提高了自行车及其公共停车空间的使用效率。同时，通过公共自行车与公共交通的换乘，为很多中长距离的出行者提供了便利，减少了一定的私人自行车（含电动自行车）乃至私人小汽车中长距离出行。这些都有助于节约道路交通资源并缓解地面交通拥堵。

（2）提升城市形象

统一、整齐、有序的公共自行车系统，有助于塑造城市低碳、环保、健康的良好形象。与之相比，显得拥挤、杂乱的私人自行车停车场地，往往被认为有损于城市形象。

（3）降低非机动车的社会管理成本

公共自行车的被盗率要低于私人自行车（这一点对公共交通站点及其附近的非机动车停车点来说尤为显著），从而降低了全社会的非机动车停车保管成本和失窃执法成本。

2. 公共自行车的不足

（1）车辆购置及停车设施供给成本较高

公共自行车及其租借点设备设施的供给成本较高，每套高达数千元。与之相比，私人自行车的购置费用往往低于 500 元，新增停车设施的单位成本也较为低廉。

（2）车辆维护成本较高

公共自行车的运营维护成本较高，是由于公共自行车需要调度以缓解供需不平衡的矛盾。更重要的是，使用者很难像对待自身财物一样地爱护公共自行车，加之自行车道路交通基础设施存在的不足，造成了大量公共自行车被"无意"甚至"有意"地损坏。

简单地说，公共自行车的出现是现代城市空间尺度扩展和"职住分离"潮流下的产物，而在全国得到如此迅速的普及推广，的确有经济性之外的因素。至于看似"高昂"的供给成本是否值得，不可一概而论。相信每个城市的管理者和决策者会有更为准确的判断。

二、电动自行车市场的经济学解释

（一）电动自行车市场分析

1. 电动自行车的优势

电动自行车的市场化销售始于 20 世纪 80 年代初的日本，但直到 21 世纪初，技术和成本对市场吸引力的限制才被打破。电池和发动机的技术改进、组件模块化以及规模经济的改善，意味着电动自行车可以行驶更长的里程、速度更快，并且价格比以往任何时候都更经济。特别是与传统自行车相比，电动自行车使用者的出行距离比传统自行车使用者更远、行驶速度更高、骑行更省力，节省了出行者的时间和体力消耗。同时，发展之初也不受许多城市禁止使用小型燃油摩托车和电动摩托车的限制。电动自行车的购置成本也较低，新车价格在 2 000 元至 4 000 元，二手车辆仅需 300 元至 400 元。因此，电动自行车产业得到了迅速的发展。中国已成为世界最大电动自行车生产和消费国。

电动自行车在城市中出行时间多在 40 分钟以内，但是最多的出行时间也可以达到 2 小时。从出行距离来看，自行车在 0~5 km 范围内具有优势，但电动自行车的平均行驶速度比传统自行车高 40%~50%；5~15 km 是自行车的极限范围，同时也是电动自行车的优势范围；出行距离在 5~10 km 时电动自行车与公交车的竞争比较明显，超过 10 km 后和公交车也存在竞争，但电动自行车竞争力逐渐下降。

通勤仍是电动自行车使用者的第一目的，尤其是上海市民，高峰时期 83% 的电动自行车出行者为通勤出行；但另一方面，工作出行也占了不少比例。上海最为明显，在非高峰时期，有一部分的电动自行车出行为工作出行，很多个体商户进货、家政服务者上门服务、快递人员等选择电动自行车作为交通工具，甚至有些地区的民警出勤也选择电动自行车作为交通工具，还配备了专门的警车标志。

2. 电动自行车市场的阻力

然而，近年来，中国不少城市实施了针对电动自行车的限制甚至取缔政策。这些城市限制甚至禁止电动自行车的出发点主要有三方面：一是为了降低交通事故发生率；二是为了缓解道路交通拥挤；三是为了打击非法营运。同时，电动自行车的身份问题（究竟属于"非机动车"还是类似轻型摩托车的"机动车"范畴）也一直是社会关注的热点之一，因为这涉及管辖权和相关法律法规的适用性问题。

3. 电动自行车的不足

随着电动自行车价格的日益亲民，电动自行车使用者也逐渐与自行车趋同，存在着交通素质一般的问题。与自行车相似，电动自行车车体小、转向灵活、易造成蛇形骑车而偏离原行驶车道。与自行车不同的是，电动自行车速度较快有助于提升平衡性并更为迅速地通过道路交叉口，但由于启动和加速快，电动自行车在车流中穿插空当、在绿灯起亮时甚至起亮前穿越停车线进入交叉口等现象也较为常见。

由于与自行车和机动车的交通特征均存在区别，而交通违章甚至违法行为亦较为普遍，电动自行车与其他交通方式的矛盾也较为突出。

电动自行车骑行者的注视点主要集中在对骑行安全有影响的对象上面，包括交通设施和交通参与者；当道路交通设施及交通组织不合理时，骑行者关注了过多的不安全因素，超过视觉搜索的极限便不能对突然出现的对象做出反应，容易造成事故。骑行过程中，骑行者更容易关注前方行驶的非机动车，跟随前方运动轨迹骑行，但是电动自行车车速快，超越自行车的行为较多，且电动自行车骑行过程噪声小，超车行为容易造成事故。

（二）电动自行车问题的经济学解释

1. 电动自行车出行的外部性

电动自行车市场更关键是外部成本和路权问题：前者影响外部成本和管理成本；后者影响交通效率和公平。

相对于传统的人力自行车（下文简称"自行车"），电动自行车更好的动力性能和较大的尺寸带来了更高的交通干扰和事故风险，特别是对交通素质和道德修养较低的人群来说（这又与电动自行车的使用人群交叉较多）。这些干扰和风险常常是作为"外部成本"

存在的。因为很多电动自行车带来的"外部成本"无法有效地内部化/市场化。许多电动车驾驶人为逃避赔偿和处罚，要么不承认违章或侵权的事实、要么逃逸，或者无力支付，使受害人损失难得到赔偿、相关处罚难以落实。对保险公司和执法管理部门来说，相关的交易成本高昂——搜寻当事人的成本、事故鉴定的成本、执法处罚的成本、落实赔偿的成本，等等。

2. 电动自行车违章执法的交易成本

如果在某交叉口临时设点对违章的电动自行车进行拦截和处罚：

（1）在众多骑行者中"少数"被"抓"的骑车人往往会认为自己运气不好，而不会由于被处罚而改变自己的交通行为，执法的教育作用非常有限。

（2）在部分违章骑车人被拦截之后，后续的骑车人会更容易察觉执法行为并暂时隐藏自己的违章动机（例如，违章载客的骑车人会让乘客暂时下车步行），加之电动自行车的灵活性远高于机动车，即使违章行为被发现，只要不是无路可走，部分车辆仍然可以迅速改变方向甚至掉头进行规避。

（3）从执法成本的角度来说，执法过程需要消耗一定的人力物力，在执法资源有限的情况下，执法的机会成本更是非常高昂（相同的执法资源如果转用于疏导交通或进行机动车执法等其他任务，社会收益可能更高）。

（4）从执法处罚的经济收益来看，电动自行车的单车处罚数额通常在几元、几十元，如果设置得太高，会由于阻碍执法和暴力抗法而增加执法成本，骑车人甚至会放弃自己的电动自行车以免遭罚款（毕竟，重新买一辆二手车的代价只有小几百元）。

（5）最后，由于缺乏车牌等车辆相关信息，利用摄像头等适用于机动车执法的常态手段暂时也无法被移植到电动自行车执法中。

因此，以减少电动自行车违章来减少其对交通流的干扰并降低事故风险的事前执法，成本高、收效低，很难持续。与之相比，面向所有（或大部分）电动自行车的执法处罚，可以较大地增加车辆捕获率和处罚收益，因此更容易做到常态管理。这也是广州、深圳等城市可以连续实施多年电动自行车限行、禁行政策的经济学基础。

3. 电动自行车事故处理的交易成本

再分析电动自行车涉及交通事故的"外部成本"。电动自行车由于行驶稳定性较差、车速较高、刹车性能差、防护措施少，一旦发生和机动车的相撞事故，由于碰撞双方质量悬殊，电动车方处于明显弱势，伤亡率很高；如果和自行车或行人发生相撞事故，则电动自行车由于质量较大、速度较快，往往会占据优势并造成后者一定的伤亡率；城市中发生更多的是电动自行车与其他车辆的碰撞事故，损失通常不是很大。

更关键的是事故发生之后的处理和赔偿问题。由于电动自行车一般没有牌照（由于前述的执法困难，即使设立电动自行车牌照制度也很难落实），事故发生后，肇事者如果选择逃逸，会极大地增加事故处理的成本。现实中确实有很多电动自行车肇事者选择了事后逃逸。同时，目前大部分电动自行车没有购买保险（实际上，许多保险公司为了避免承担对事故发生率较大的电动车的赔偿责任，往往以电动车不属交强险的承保范围为由拒绝为其承保），骑车人多数来自中低收入阶层，损失赔偿能力有限。一旦发生事故，在赔偿金额方面极易产生纠纷。加之中低收入阶层的时间价值较低，在耗时耗力讨价还价、调解、诉讼甚至逃逸等潜在威胁下，机动车驾驶人即使是受害人，也常常主动、被诱导甚至被迫承担事故的主要甚至全部责任，并通过机动车保险减少事故的损失。从经济上看，不少电动自行车驾驶人成功地将交通事故的风险转嫁给了机动车车主/驾驶人和机动车保险公司，这显然属于社会"外部成本"的范畴。

4. 电动自行车限制政策的经济解释

综上所述，尽管电动自行车的市场巨大，对于提升使用人群的交通福祉也非常有效，但该交通方式的"外部成本"很高，并由于高昂的交易成本难以市场化。即使将部分"超标"电动自行车划入机动车的范畴并得到与机动车相似的监管，监管（牌照管理、驾照管理、交通违法行为监管）和事后处理（处罚、定责、理赔）的交易成本仍然会十分高昂。因此，部分城市选择默认电动自行车的"外部成本"（当然，也会进行短期的运动式专项整治），至少可以避免大量低效的执法支出；而另一些城市则实施了严格的电动自行车限行禁行政策，至少这样做可以从经济上维持常态的执法处罚；而长期进行电动自行车违章整治的城市罕见。

另一方面，电动自行车的竞争对手主要是公共交通和人力自行车/三轮车。限行禁行后，虽然对原电动自行车出行者来说，短期内很难找到满意的替代品，但从地面交通的角度来看，可以获得一定的效果——无论原电动车的使用者改用公共交通还是人力自行车，并降低当量交通量（标准车当量数）和停车压力。原理很简单，电动自行车对道路交通资源的人均占用水平虽低于小汽车，但要高于公交车、地铁和自行车，对停车资源的占用水平要高于自行车，而受限后电动自行车的骑车人绝大部分会转由公共交通或其他慢行交通出行，因此，总体的道路交通资源使用水平会下降。但是，这还不足以判断社会交通的整体福祉是否会得到提升，因为电动自行车出行者如果被迫改由其他交通方式出行，他们的交通福祉肯定是下降的；限行禁行电动自行车也会造成快递物流业等行业成本的增加；其他出行者的交通福祉是否能够得到更大的提升是个较复杂的问题。另外，这里还牵涉到交通出行的公平性问题——电动自行车的所有权和路权问题。总而言之，有助于缓解城市交通拥堵，也是部分城市趋向于限行或禁行电动自行车的重要原因之一。

简单地说，电动自行车的出现是交通工具制造技术发展下的产物。在无须搬起自行车上下台阶的场合，电动自行车在机动性和便捷性方面几乎完胜脚踏自行车，在拥堵的城市道路甚至可以击败机动车，因此在气候和地理条件合适的区域出现了蓬勃的发展。然而，如果电动自行车使用人群的交通素质和道德风险问题较为突出，会造成极大的社会"外部成本"。在找到能有效降低这些外部性的方法之前，必须在忍受这些外部成本和降低电动自行车出行者福祉之间进行权衡和取舍，城市管理者须做出更适合城市需求和多数居民意愿的选择。

第三节 公路货运经济学

一、运价走低的经济学解释

（一）可比较的公路运价水平

时至今日，公路货运量在我国各种运输方式中已稳居榜首。对于如此庞大的行业，运输价格的变动可谓牵一发而动全身。

中华人民共和国成立后，政府实行统一运价政策，由交通主管部门编制运价方案，在各省统一执行。货运运价分长短途，整车运输、零担运输，分等级计费。高速公路、等级收费公路的增加，运输成本也大幅增加，但运价没有相应涨起来。

实际上，参照当年和现在的工资水平，运价不仅没有涨起来，反而大幅下降了。其中的影响因素比较多，但不宜仅根据成本项的简单堆砌就断定目前的运价水平"极不合理"或"需要回归理性"。

（二）运价走低的经济解释

公路货运成本的四个关键影响因素如下：

1. 车辆载重能力的提升

在我国，中吨位/中型卡车（装载质量大于 3 t、小于 8 t 的普通载货车及其各种变形车）是我国汽车工业中生产历史最长、社会保有量最大的产品。20 世纪 90 年代中期之前，以载重 5t 系列的中型车为核心产品，虽然先后经历了长头换型、柴油化、平头化等技术升级过程，但载重能力一直未有显著提升。当时载重 8t 以上即可迈入重型货车的范畴，载重 12~15 t 已经是国产货车的上限。

20 世纪 90 年代中后期开始，用户最强烈的要求是多拉快跑，创造更多的效益，原来拉 5 t 的车，如何能够拉到 10 t，成为汽车企业重点面对的技术难题，经过了加强化、多轴化两个过程充分满足用户超载的需求。中型货车通过不断强化逐渐与重型车接轨，形成了具有中国特色的准重型卡车。近 10 年来，高速公路网快速发展，全社会公路货运量、货物周转量稳步提高，加之房地产开发如火如荼，使得载重 15 t 以上的重型货车、自卸车、工程车及拖挂 25 t 以上的牵引车车型高速增长。

从发动机的角度来看，20 世纪 90 年代初市场上的发动机不论是解放牌还是东风牌，功率都在 140~180 马力（1 马力约合 735 瓦），只能满足 5~8 t 车的需求。经过多年的发展，排量更大、技术更先进、排放更环保的新款发动机得以推出，排量由 6~7 L 提高到 10~12 L，功率也提升到 280~420 马力，可以满足重型牵引车、自卸车的需求。

2. 车辆售价的下降

汽车在 20 世纪八九十年代是稀缺物品，即便是在大城市，汽车也只是极少数人才能享用的奢侈品。在当时的历史条件下还没有私家车这一说法，不论是军队的吉普车，还是供高级官员乘坐的轿车，抑或是用于运输的大卡车，在普通民众的心目中同样富有神秘的色彩。

改革开放前的车辆价格未必是真实的市场价格，一是因为当时没有健全的市场——私人不允许购买汽车，单位或企业购置汽车也有计划分配和市场销售两条渠道，并分别实施计划价和市场价，市场价格波动很大；二是当时公布的"价格"并不等于添置车辆全部的"代价"——除了支付一定的费用，还需要使用"指标"等其他资源。现在公路货车的售价几乎只是 20 世纪 80 年代中后期的同级别车型的一半，而载重能力要远超当时同级别车型。

3. 计重收费的影响

道路基础设施成本分摊的几类方法。我国传统的公路收费制度中，主要采用的是分车型按次收费或分车型按里程收费这两种方式。对于货运车辆，通常是按照车辆"核载"（车辆行驶证上的核定载重量）将其分为几类，再对每一类车型按照不同的里程费率收取通行费。这样的收费分类方式较为明确，也便于人工判别车型。然而，这种分类方式存在着两个较严重的缺陷。

（1）"大吨小标"问题

与公路养路费征收相似，按照车辆"核载"收取通行费的问题时，车主有降低标称载重量以减少缴费额的强烈动机，车辆生产厂家也有配合消费者的利益关系。因此，市场上一度出现了众多压着收费分类线的"核载"。从公路运营方的视角来看，其无权对行驶证上核载数据的真实性和准确性进行干预，而修改各车型的通行费费率不仅容易"误伤"大型客运车辆，在制度上也较为复杂，因此，"大吨小标"的做法无疑造成了通行费的大量流失。

（2）缺乏排他性

重载货车对于道路桥梁的寿命存在着几倍至数百倍于小汽车的影响。特别是对于公路路面，一辆严重超载的货车在理论上的影响可能相当于数千辆小汽车，甚至会出现一次行驶就造成路面损坏的情况。因此，公路运营方没有向此类车辆提供服务的意愿。然而，公路运营方缺乏限制或禁止严重超载货车通行的权限。结果是，不得不按照事先公布的价格——通行费费率提供通行服务，或者，支付费用邀请拥有执法权限的公安等部门协助管理。

综上所述，公路市场（"公路产品"交易的市场，该市场中，汽车用户通过支付路桥通行费或交税，向公路供给方购买"车辆通行权"）中严重的机会主义问题和高昂的管理成本引发了公路供给方的强烈不满。这也直接导致了21世纪初我国各地多次出现的超载超限车辆运输治理运动（简称"治超"）。不过，运动式的执法无法改变货车重载的经济基础，也难以消除市场中的机会主义风险，前述问题一直没有得到解决。

21世纪初，随着车辆动态称重、轮胎识别、车辆分离等技术的日趋成熟，公路建设运营方找到了一种新的收费方法，可以有效解决上述两个问题。这就是计重收费。计重收费，是通过对收费车辆进行以轮轴类型和重量划分进行收取费用的系统。收费方不再按照捉摸不定的"核载"，而是改为依据车辆轮轴类型（轴数、轴型）这样较为准确的特征对货车进行分类，再按照车辆的重量特征（车轴重量、车货总重等）设置基础收费费率和超载车辆"惩罚性"费率。这样，不仅有效地解决了业者"偷逃"收费的机会主义问题，也通过更为细致的费率标准攫取了更多的"消费者剩余"，同时通过高昂的"惩罚性"费率阻止了严重超载的驶入。

简单地说，尽管计重收费系统的建设运营投入较高，也存在着一定的准确性和可靠性问题，但计重收费模式这一中国式创新，是高速公路市场较为成功的机制转变。当然，从高速公路市场中消费者（货运业者）的角度来看，计重收费无疑在一定程度上增加了车辆运营成本（业者支付了更多的通行费，或者改走其他公路）。而这样的成本增加，大部分会转移至公路运输的最终消费者——社会中的所有人。

4. 综合影响

综合来看，与20世纪八九十年代相比，当前的公路货运行业在运输能力、运输范围和服务水平方面都有了很大的进步。与此同时，运输成本却得到了大幅下降。其中，最主要的原因在于车辆制造技术和公路建设技术的改进。车辆制造技术不仅大幅提升了车辆的装载能力，减少了车辆油耗，也降低了车辆售价和维修成本。加之货车司机劳动力价格在一定程度上的降低和司机们更辛勤的付出，公路货运价格不升反降并没有太多费解之处。更不能根据部分运输成本项出现"增长"就做出目前公路运输价格与成本变化"相背离"的判断。

至于成品油消费税、养路费、路桥通行费等税费的增加，一方面，确实是社会税费成本的提高；另一方面，由于货运业者得到了更好的公路服务，也可以理解为是一种对公路货运生产要素之一的道路服务的经济支付。

最后，公路货运市场在起讫点（供给地—消费地）需求差异很大，而目的地周边范围内亦缺乏其他货运需求地的情况下，也可能使用出现"高峰定价法"的情况。此时，货运业者在车辆返程接受较低的运费（甚至低于单程的运输成本）也是理性的选择。不能因此就断定公路货运市场存在非理性的"恶性竞争"。

二、我国公路货运的优势与代价

（一）我国公路货运行业的特征

我国的公路货运行业有下述三个主要特征：

1. 车辆装载量较高

在车辆轮轴类型相同、车辆自重相近的情况下，我国公路货运车辆的载重能力和实际载重量要远超过欧美发达国家的货车。其中的主要原因在于：中国的货运需求者往往更看重运输成本的节省而非单程的运输速度。因此，中国的公路货运行业普遍采取"重载"加"低速"的运输业态，以提高运输批量、降低油耗，从而降低单位运输成本（元/吨·公里）。中国的货车也常常装配功率相对较低的发动机（因为无须高速行驶，尽管装载的货物更重，但对车辆动力的需求会更低）并减少车辆的舒适性和安全性配置以进一步降低成本。

2. 车辆行驶车速较低

货车司机在行驶过程中，主要基于下述考虑：

（1）经济性

货运车辆的经济时速（通常是一个速度区间）是指在车辆行驶中消耗燃料最节省的速度。它随着路况、载重、风向、气候及使用情况而变化。我国公路货车重载的倾向性，车辆的经济时速在负载时通常较低（否则就会造成油耗的急剧上升），因此，对燃油成本较敏感的大多数货车司机，即使在高速公路上，也会尽量将车速控制在 60~75 km/h 经济时速（相比较而言，很多小汽车驾驶员的期望车速常接近公路的限速 100~120 km/h）。这就造成了我国公路货车的行驶车速普遍较低的现状。较低的行车速度，带来了更好的燃油经济性，并减少了对车辆动力的需求从而降低了车辆售价，这些都有助于降低运输成本。不足之处在于增加了运输时间（中国的运输业者通过长时间连续行车、夜间行车和减少休闲时间等方式，弥补了这些"损失"的时间），并带来了交通效率、交通安全等方面的负面影响。

（2）时效性

对燃油成本不太敏感的部分货车司机（例如正在赶时间的快递物流车辆驾驶员），则有选择高行驶速度的动机。当然，车辆能够达到的速度会受到车辆动力性能（如最大车速）、路段交通量和驾驶员能力等因素的制约。

（3）安全性

在面对下坡、弯道、交通拥堵等路况时，出于安全方面的考虑，驾驶员会在车速方面做出一定的保留。

3. 货车司机的工作强度大

中国的货车司机，尤其是长途货车司机，连续驾驶时间长、夜间驾驶时间长，休闲甚至睡眠休息时间都很有限，工作强度相当大。原因主要包括：在重载低速的行业需求下，为了保障整个运程的效率，司机不得不通过减少休整时间以弥补低车速造成的效率损失；为了与起讫点的物流集散时间相一致，并减少很多城市白天限行货车政策的阻碍，长途运输只能选择夜间行驶以保证傍晚发车、凌晨到达；货车司机的劳动力供给较为充足，司机们在工作内容和时间安排方面没有太多的选择余地。这些都增加了货车司机的工作强度和工作压力，并成为中国货车司机有别于发达国家同行的特征。

（二）公路货运对国民经济的促进作用

在公路货运行业的努力下，全体国民获得了巨大的实惠。不仅保证了运输的整体效率，更将运费控制在了很低的程度。超载超限行为取缔后，中长途货运车辆的单位运营成本将增加（重型车辆的增幅较大），运价和物价也将出现相应的增加。

（三）公路货运对交通效率的影响

在我国某些公路路段，常出现运行交通量并没有达到设计通行能力而实际交通状况拥挤不堪的现象，并迫使这些公路提前进入改造期，影响了这些公路社会经济效益的正常实现。原因之一，在于公路上较多车速较低的重载货车与其他快速车辆混行，在公路沿线形成大量的"移动瓶颈"，导致道路实际通行能力下降。在多车道道路上，当一辆货车在一条车道上行驶的时候，经常会造成后面几辆甚至大量车辆减速跟行，形成"成簇"慢行车队，它不同于在那条车道上的一个实际的障碍物，而是速度的差异，这种情况就称为"移动瓶颈"。

在发达国家和地区，针对"移动瓶颈"的应对措施主要集中在重型车爬坡及弯道转弯上。通过专设重型车爬坡车道，问题已基本得到解决。在我国，公路货车行驶速度较低的现象不仅出现在爬坡及弯道，而是贯穿整个行驶过程：低速运行的货运车辆引发后方到达车辆的超车需求，而车道数的限制使得超车机会受限，从而使得小客车和大型客车延误增加；而当一辆货车从超车道超越另一辆更慢的货车时，会暂时形成全部车道障碍，造成后面大量车辆减速跟行；在无法立即超车的情况下，小汽车驾驶者出于自身安全的考虑常倾向于远离低速行驶的货车，因此会采用比正常行车间距偏大的跟驰距离，从而导致交通流密度降低，影响实际通行能力。因此，货车行驶车速较低的国情，容易形成道路交通"移动瓶颈"，造成车流速度趋向于重型货车的期望速度，对于道路交通效率的影响极大，尤其是对交通量较大且货车混入率较高的路段来说（形成的"移动瓶颈"不再独立，而是相互影响）。

当前我国很多公路服务水平的下降，并非交通量接近通行能力，而是由低速货运车辆造成的。为了缓解拥堵，直接将双向四车道公路扩建成双向六车道（甚至更多车道的）公路，需要相当大的投资。扩建后虽然改善效果较明显，但由于实际交通量并不大，反而造成了较严重的投资浪费。

（四）公路货运对交通安全的影响

道路交通事故的致因较为复杂，通常包含了多方面的影响因素。为方便表述，下文主要从车辆和驾驶员的角度探讨我国公路货运的特征对交通安全的不良影响。

1. 超载的影响

相对于满载状态，货车超载不仅降低了车辆操控性能，增加了驾驶操作的难度，同时也增加了驾驶员的心理负担（对于车辆控制、事后处理以及被处罚的担忧）。由于车辆在超载状态下的行驶性能存在更大的不确定性，而驾驶员对这些负面影响难以全面把握，当面对行车阻碍（如车辆故障，路面障碍物，其他车辆、非机动车或行人干扰，人员执法等）须紧急变向、刹车或采取其他操作时，驾驶员容易犹豫、惊慌甚至操作失误，从而造成事故的发生或事故严重程度的增加。另外，部分车载货物（例如钢材、化学危险品等）在车辆急刹车、侧倾等状态下也会对驾驶室和驾驶员造成一定的威胁，这种威胁在车辆超载状况下会增加。

最典型的场景是连续长下坡或陡坡路段。在连续长下坡路段，车辆超载加速了车辆制动性能的衰退，货车驾驶员为避免刹车磨损和失效，较少制动，因此车速往往较快，此时一旦出现突发情况往往非常被动。首先，车辆会变得比低速时更容易失控；其次，紧急制动也更容易造成车载货物前冲并挤压驾驶室。而在陡坡路段，制动失效是主要的事故原因之一，尤其是在急弯陡坡组合路段，因驾驶员频繁制动，导致制动器温度上升，制动失效现象最容易出现，车辆超载加剧了制动失效的风险。其中，连续陡坡路段事故率最高，而货车是主要的事故车型。

2. 低车速的影响

车辆的车速与平均车速的差值越大（无论是高于还是低于平均车速），即车速分布越离散，事故率就会越高。这里有一个前提，即这些国家公路货车的行驶车速在平直路段与小汽车基本一致。而对于我国的公路，特别是高速公路来说，由于客车与货车的车速差距较大，时常会形成两种典型车速（例如客车的 110 km/h 和货车的 70 km/h）共存的现象，并形成两个车速峰值（而非发达国家公路的单峰值）。尽管存在这样的差异，对比车速标准差与事故率，还是可以发现，车速离散性较大的路段，事故率较高。

货车车速远低于客车，之所以会造成更高的事故率或伤亡率，主要有以下原因：

（1）增加了追尾的风险

货车车速明显低于客运车辆，易造成车速明显不同的车辆发生追尾或碰撞。当发生小汽车追尾货车的事故时，我国货车重载和低速的特征又进一步降低了"碰撞相容性"。"碰撞相容性"是指在不同的车辆之间发生碰撞时，车辆的总质量、几何外形和结构刚度方面相互融合可以达到彼此能够承受的程度，换句话说，汽车不仅要保护自己车内乘员，也能保护对方车内乘员的安全。为了重载的需要，我国公路货车的长尾高度较高，当小汽车以较高的相对速度追尾货车时很容易发生"钻撞"，即小汽车车头钻入货车或挂车的后下部（小汽车保险杠以及与其相连的前部防护结构均无法正常工作，甚至发生溃缩），而小汽车相对脆弱的乘员区与货车的尾部发生直接碰撞。此时，货车尾部极有可能碰撞小汽车车顶并导致小汽车司乘人员的头部损伤。

（2）增加了交通冲突

货车车速明显低于客运车辆，亦导致了大量、频繁的车速变化与超车行为，间接地增加了事故率。而道路上发生交通冲突现象的次数越多，发生交通事故的可能性越大。在超车的客车与被超的货车之间，由于两车的流谱会发生相互干涉，引起扰流的变化，在车身上产生瞬时气动力的压力分布，并且该压力分布在整个超车过程中迅速变化，这种变化将直接导致作用在汽车车身上的气动力发生改变，导致车辆（往往是正在超车的小汽车）横摆、侧倾、侧滑状况发生变化，从而影响车辆行驶的瞬态稳定性，严重时会发生交通事故。此外，由于存在货车这样的移动瓶颈，试图超车的车辆与对向车道的车辆、试图超车的多台车辆之间也会产生交通冲突。尽管事故发生后无法认定货车的事故责任（因为其正常行驶），但事前的影响不可忽视。

3. 运营环境的影响

货车司机的人为失误是很多交通事故的主因，其表现主要有超速行驶、疏忽大意、疲劳驾驶、酒后驾车等。从驾驶员自我认识的角度来看，大多数的驾驶员认为疲劳驾驶、疏忽大意是造成交通事故的主要因素之一。

驾驶疲劳引发的交通事故在货运行业比较突出。驾驶员普遍认为夜间以及长时间连续驾驶是导致疲劳的最主要因素，睡眠不足和酒精的影响也会导致驾驶疲劳。对于长途运输来说，沿途道路几何线形、路面条件、视野状况和气候条件等差别很大，环境的变化也会导致驾驶员产生恐惧、孤独感，引起心理疲劳。此外，车辆振动、驾驶室温度过高等因素亦会造成驾驶疲劳，使驾驶员视觉敏锐度降低，对道路情况反应不及时，操作的准确性下降。最后，交管部门对疲劳驾驶行为的认定也会对保险公司的事故理赔金额造成负面影响，这也进一步增大了货车驾驶员的心理压力。

驾驶环境的特殊性决定了货运驾驶员易冒险。货运车辆在夜间或空旷路段行车较多，有些冒险行为不易被交通管理人员发现，从心理学的角度看，如驾驶员屡次采取冒险行为却没有发生交通事故也没有受到惩罚，则驾驶员的主观风险意识会大大降低。

综上所述，我国的公路货运业基本属于"成本导向型"行业。车辆重载、低速行驶与货运业者的高强度劳动将单位运输成本控制在非常低的水平，全社会均得以从中获利。这也是超载超限运输治理中最大的阻力来源。需要说明的是，由于身处可竞争市场，公路货运行业（尤其是整车货运）本身并没有取得较高的利润水平。而货车司机群体，随着劳动力资产专用性的下降，不仅无法取得高收入，还承担了较大的职业风险。

公路货运重载、低速的特征对于交通效率、交通安全和基础设施寿命均产生了巨大的影响。需要说明的是，并非所有负面影响都属于"外部成本"。在交通安全领域，货运业者可以通过购买车辆保险和货物保险降低风险损失；换言之，通过商业保险，行业已将公路货运交通安全方面的部分外部性"内部化"了。在公路市场领域，货运业者通过路桥通行费和其他税费、罚款，支付了车辆通行公路基础设施的费用；换言之，通过支付税费和罚款，行业已将车辆对公路基础设施的大部分外部性"内部化"了。从经济学的角度，这些已被"内部化"的部分，不应被继续视为公路货运对社会的负面影响。

当然，公路运输行业仍然存在尚未被"内部化"的社会影响。例如，由于货车低速行驶导致其他车辆交通效率的降低和交通事故率的增加。当然，这里牵涉到一类产权——路权是否明晰的问题，如果货车低速行驶的权利受到法律保护，那么，其他社会车辆受到的交通影响不应被视为货车带来的外部性。此外，货车在环境污染、噪声、振动等方面亦存在外部影响。

随着产业转型升级和社会经济发展，公路货运需求将逐渐从"成本导向型"向"效率导向型"转化，其他社会车辆包括货车司机群体自身亦会在交通效率和交通安全领域提出更高的诉求。多方博弈的结果将给行业的发展带来新的动力。

第 四 章

高速公路规划建设与社会经济发展的关系

第一节 高速公路对综合运输体系的影响分析

一、对公路运输的影响分析

在高速公路这种现代化公路交通系统的强力支持和积极的影响下，公路运输已逐步发展成为我国服务范围最广、承担运量最大、发展速度最快的一种运输方式。高速公路对公路运输的影响，主要表现在完善路网结构与布局、提高公路运输的通行能力与服务水平、提高道路交通安全性上。

（一）构建公路国道主干线网络

我国高速公路的建设至今已走过几十年的发展历程，20世纪八九十年代的起步阶段，相继建成了沈大、京津塘、成渝、济青、京石、沪宁、宜黄、广深等一大批具有重要区域性影响的高速公路工程，实现了公路交通发展的第一次飞跃。高速公路的持续快速发展，促进了我国公路国道主干线网络的逐渐形成与完善。

（二）促进公路网等级提升与结构合理化

高速公路的修建对沿线的基础设施，特别是与之相衔接的公路交通系统的建设提出了更高的要求。为了与高速公路更好地衔接，各地都把与高速公路相连的道路作为区域内公路的主骨架，以高速公路为区域内公路的主动脉，加快地方公路网与高速公路的配套衔接，这也就直接带动了我国公路网技术等级与路面结构等级的迅速提高。

在第一条高速公路建设前，我国公路交通发展水平长期滞后于国民经济与社会发展水平，交通干线和城市出入口公路严重阻塞，混合交通严重，交通事故频发，干线运输效率低下。公路基础设施的技术等级较低，公路交通处于"严重制约阶段"。

后来，高速公路的发展建设，使我国公路全面进入了发展速度快、建设规模大、科技含量不断提高的新时期，极大地提高了我国公路的技术等级和路面等级结构。就全国公路运输的来讲，现已形成以高速公路与国道主干线为主骨架，其他等级公路为集疏的公路网布局结构。

（三）增强公路网运输能力

经济社会发展的客观需要，决定了作为国民经济重要基础保障条件之一的公路运输和公路建设必然以前所未有的速度发展，同时也要求公路运输在承担社会客货运输任务中发挥更大的作用。高速公路的出现，很大程度上弥补了一般公路运输技术的不足，显著提高了公路运输能力。高速公路作为现代化公路交通基础设施，其良好的技术等级，包括路面加宽、坡度减小、转弯半径加大、中央隔离带设置和快慢道划分以及便捷的通信、对司机严格的法规限制，使得车辆行驶快捷有序，从而为承担巨大的通行能力提供了条件。一般双车道（二级）公路的最大通行能力为 5 000～6 000 辆/昼夜，而一条四车道高速公路一般通行能力为 25 000～55 000 辆/昼夜，相当于 7～8 条普通公路的通行能力，六车道或八车道的高速公路通行能力为 70 000～100 000 辆/昼夜。

（四）促进公路运输经济提升

1. 促进了公路运输平均运距的增长

随着高速公路里程的增加，汽车技术经济性能的提高，公路运输的适用范围逐渐扩大，在全国市场经济发展中发挥更大的作用，公路运距也随之进一步增长。高速公路的发展为我国公路运输平均运距的持续稳定增长奠定了重要的基础。

公路运输的适用范围，在货运方面，汽车运输水泥、钢材、建材、纺织产品、粮食等普通货物的经济运距为 50～100 km。运输附加值高的电子产品和零担货物的经济运距可达 200～300 km。鲜活易腐货物、集装箱等特种货物，汽车可直达运输，不需要中转换装，送达速度快，损耗少，经济运距在 1 000 km 左右。城市之间开展的高速公路快速直通客运运距在 100～800 km。随着高速公路规模扩大，公路运输技术经济特性的提高，适用范围逐渐扩大，公路运距也随之进一步增长。

2. 全面提高了公路运输系统的运行效率与服务水平

高速公路排除了一般公路上由汽车、拖拉机、自行车等混合交通所产生的纵、横向干扰，加之路面技术状况优良，使得公路汽车客货送达更加快捷方便，全面提高了公路运输系统的运行效率，使之更好地适应现代商品社会"时间就是金钱，效率就是生命"的发展节奏和要求。高速公路行驶车辆的平均技术车速一般在 100～120 km/h，而一般公路只有 50·km/h 左右。通过对我国已建成的各主要高速公路车速调查的情况来看，高速公路上车辆的运行速度较相邻公路具有明显的优势。

同时，高速公路线路采用较高的技术标准，沿线设有完善的安全设施、服务设施、交通控制设施、管理设施及绿化设施，为高速、安全、舒适地行车提供了可靠的保障，大大提高了公路运输的服务水平。

3. 降低了车辆运行成本

高速公路路面状况好，因避免了各种车辆快慢不均而产生的相互干扰，驾驶者可以维持高速度，减少速度变化，直接降低了车辆的油耗以及磨损，节约了运输时间。

（五）带动公路快速运输系统发展

1. 公路快速客运

公路快速客运是相对于传统普通客运而言，依托于高速公路网运行、采用高档次大客车，以安全、快捷、舒适、优质的服务满足旅客多方位的需求。有别于一般的公路客运，公路快速客运在服务形式等方面都有着明显的特点。

（1）速度快、时间省、安全保障好

高速公路客运平均速度达 90 km/h，快于火车和普通公路汽车的平均客运速度。同时旅客乘车手续简便、候车时间短，节省了大量的运输时间。它具备一定的与铁路、民航客运竞争的条件。另外，高速公路采用全封闭，为保障安全提供了很好的条件。

（2）旅客服务要求高

公路快速客运的旅客成分中城市居民占了很大比重，其中相当一部分是从民航、铁路、私家车转移到高速公路的公差人员。公路快速客运提供的硬件环境和软件环境能够满足他们的优质服务的要求。

（3）服务便利

公路快速客运以"高质量服务、高密度发车、高速度直达"为特征，适应当前旅客对运输直达和准时性要求。公路快速客运班次密度大，通过采用集约化经营和统一规划布局、统一调度指挥、统一车辆维修、统一安全保障等制度保证其到达的安全、正点、优质、高效。

2. 公路快速货运

公路快速货运是以高时效的货物为服务对象，以高速公路网为载体，以多层次、网络化的货运场站为龙头集散货源，使用技术先进、结构合理的车辆载运货物。利用高效的通信信息技术作为管理手段，通过科学有效的运输组织，实现货物和信息安全、准确、快速流动的公路货运系统。

公路快速货运符合货物运输的品质要求，即安全、方便、经济、及时、周到等。公路快速货运通过"上门取货、集零为整，送货上门、化整为零"的运输服务形式来适应消费者个性化需要。高速公路优越的道路环境、运营管理水平的提高保证高速公路货运速度在90 km/h左右，运输成本较普通公路低，在这一前提下，能够体现公路快速货运特征的品质参数则是"快速"。在公路网络覆盖范围内，基本实现400～500 km以内当日往返，800～1 000 km以内当日到达，而且能够实现"门到门"的服务。

（六）对公路交通安全的影响

高速公路采取限制出入、分向分车道行驶、汽车专用、全封闭、全立交等较高的技术标准和完善的交通安全保障设施。具有交通构成简单、车速均匀、无横向和纵向干扰等特点，这些技术经济特征决定了其能够为驾驶员提供良好的行驶条件。从理论的角度考虑，高速公路在保障交通安全、减少交通干扰及运输相关人员或货物损害等方面具有明显优势，与普通公路相比更为安全。

由于高速公路相应的交通安全管理机制和控制手段还有待完善，加之驾驶人员对于遵守交通规则的自觉性，以及对高速公路的安全行车意识不强，如超速、超载行车，疲劳驾驶等是造成高速公路交通事故的主要原因。我国一些高速公路目前还处于事故多发期。

造成这一状况的原因主要有两方面：一是高速公路由于行驶速度及其对于驾驶员的素质要求较高，而高速公路交通安全相关的社会宣传教育、培训不够，交通执法不严，因此，往往出于超速行驶、违规驾驶等原因导致交通事故中重特大事故比例较大。二是无论道路还是车辆的安全保障措施及交通控制手段存在不到位的现象，总体安全保障能力差，并且尚未形成一个完善有效的高速公路紧急救援体系。

二、对综合运输体系完善和发展的影响

（一）在综合运输体系中的地位

现代综合运输体系是符合国家或地区的经济地理特性，适应国民经济发展和人民生活水平提高的要求，各种交通方式之间分工协作、优势互补的交通运输系统的总称。高速公路既承担城市间、区域间的干线客货运输，也衔接县市内的支线运输，是联系千家万户的"门到门"运输的纽带，是区域经济与社会系统内中短途客货运输、城市干线旅客直达运

输和长途高效附加值高的特种货物运输的绝对主力，也是其他运输方式发展扩大运输腹地的基础支撑，在综合运输体系中承担着基础性和大动脉的双重作用。

1. 基础性功能

高速公路的基础性功能表现在：首先，作为沟通区域、城际交通联系中使用最广泛的运输方式，承担着大量客货流的运输服务；其次，为其他运输方式提供客货集疏运输，不仅铁路、水运这些适宜大批量、长距离的运输方式日益依赖高速公路交通系统集疏运的支持，航空运输更需要以高速公路交通作为其主要集散方式；最后，在区域综合运输网络中，以高速公路为主骨架所形成的公路网，里程长，覆盖面广，在许多其他运输方式不能通达的地区，有时作为唯一的交通方式发挥着不可替代的作用。

2. 大通道功能

经过多年的建设发展，高速公路与其他运输方式开始在现代化、高起点上实现匹配，高水平衔接铁路、水路、航空运输，共同形成更为强大的综合运输通道，并正在成为其中骨干运输力量之一。从20世纪90年代初期京津塘、沈大、京石、沪宁等一批城际重点高速公路路段的建成通车，到后来以京珠、京沪、京哈、沪蓉等高速公路大通道的贯通，高速公路在大城市间的快速客货运输通道，以及国家跨区域长距离综合运输通道中，都发挥了举足轻重的作用。

高速公路在运输通道中承担着大量的客货运量。高速公路在通道运输中所发挥的作用，在很大程度上减轻了铁路等其他运输方式的负担，从经济合理的意义上，促进了通道运输结构的日趋优化。同时，通过高速公路与各运输方式间的分工合作与良性竞争，带动了通道内运输体系的协调发展，大大提高了通道运输系统对国家和地区社会经济发展的适应性。随着国家高速公路网规划的全面实施，高速公路将贯通首都、直辖市、各省（自治区）省会（省府）、重要城市以及主要口岸，为重要城市间、省际提供快速、直达、安全、经济、舒适的客货运输服务，我国高速公路网的全部建成将使高速公路交通的大通道作用得到进一步充分体现。

（二）在综合运输体系发展历程中的影响分析

综合运输体系是铁路、公路、水运、航空和管道等各种运输方式在社会化的运输范围内和统一的运输过程中，按照各自的技术经济特点，形成分工协作、有机结合、联结贯通、布局合理的交通运输综合体。它是市场经济发展到一定阶段，在科技创新和制度创新下产生的一种现代交通运输的组织形式。

我国幅员辽阔，其自然与经济地理条件及发展过程中形成的多样化的运输结构类型，决定了我国必须以建立高效的综合运输体系作为交通运输的发展目标。我国综合交通运输体系建设始于20世纪60年代，经过几十年的发展，综合运输体系的基础设施网络结构已经基本形成。纵观我国综合运输体系的发展历程，高速公路的建设发展有力地带动了我国现代综合运输体系的建设与发展，并对促进综合运输体系的发展与完善方面发挥了重要的影响和作用。

作为现代化道路运输系统基础的高速公路，在建立高效综合运输体系中发挥了极其重要的作用，是建立高效综合运输系统和实现运输资源在全社会优化配置的重要基础。总的来看，高速公路的发展对我国综合运输体系的影响，主要体现在以下三方面：

1. 综合运输网络

高速公路带动了我国综合运输网络的建设与完善，在各主要运输通道中发挥着日益重要的作用，为各大综合运输枢纽提供了有力的集疏运支持，从整体上促进了综合运输网的合理衔接。

2. 客货运输格局

高速公路的发展顺应了社会经济发展所引导的运输需求变化趋势，吸引并诱增了大量的城际快速客流和货流，从而进一步提高了公路运输在整个运输体系中的比重，缓解了铁路等其他运输方式的中短途客货运输压力，使各运输方式承担社会客货运量的比例趋于合理，在我国运输结构优化过程中起到了良好的促进作用。

3. 各运输方式的有效竞争与协调发展

高速公路这一现代化公路运输方式先进的技术经济特征，带动了各运输方式间的良性竞争，并促进了各种方式间的合理分工，使得各运输方式各得其所、各展所长，促进了整个综合运输体系的优化与协调发展。

（三）对综合运输网络系统优化发展的影响分析

综合运输网是运输生产的主要物质基础，其空间分布、通过能力和技术装备体现了整个运输系统的状态与水平，在运输业发展中占有十分重要的作用。高速公路是综合运输网中公路网的骨干线路，其建设的持续进行，使我国综合运输网的主骨架网络随之得以进一步完善。高速公路建设对我国综合运输网的影响，主要体现在以下方面：首先，高速公路与铁路、水运等运输方式有机配合，强化了综合运输网中主要运输通道；其次，高速公路作为现代化的公路基础设施，为连接各种运输方式枢纽，提供了有力的客货集疏支持。同时高速公路的建设，也促进了综合运输网的合理衔接，为多式联运的开展奠定了基础。

1. 构建并强化综合运输通道

运输通道作为现代化运输体系的组成要素，是连接主要经济点、生产点、重要城市和交通网枢纽，客货流相对集中的交通运输线路的集合。

在我国交通运输通道建设过程中，长期以来形成了以铁路为主，公路和其他运输方式为辅助、补充的基本格局。长期单一的运输格局使得通道内铁路干线负担过重，过多的中短途运输都积压在铁路上，使得铁路运输系统处于超负荷运行，严重限制了铁路优势的发挥。而公路建设等级低、通行能力小、混合交通严重，安全性差、运输效率低下等问题严重限制了公路运输应有作用的发挥。缺乏竞争的运输市场环境，使得我国交通运输系统缺乏自我完善和发展的内在动力，在很大程度上制约着社会经济的发展和综合运输通道作用的发挥。

随着京珠、京沪、京哈等国道主干线贯通南北、东西的长大高速公路干线的建成通车，从根本上初步改变了公路交通落后的面貌。其建设发展使公路运输摆脱了以往只具有短途、零散、中转换装功能的特点，在综合运输体系中担当起中短途及长途运输的一支骨干力量，成为综合运输通道的重要组成部分。

2. 增强各主要交通枢纽的覆盖（辐射）范围

以高速公路为骨架的公路网使各种运输方式之间的衔接更为紧密，其通达深度广、机动灵活的运输优势，实现了各种运输方式高水平的紧密衔接，延伸了客货运输范围。使客货运输过程形成完整连续的运输链，对强化铁路枢纽、港口集疏运能力和扩大航空港覆盖面发挥了重要作用。

以高速公路为骨架的公路运输网不仅对传统意义上的铁路枢纽各客运站、货运站的旅客及货物的集中和疏散提供了快捷有效的支持，使铁路枢纽的运输覆盖面得以扩大和强化，增强了铁路运输的辐射深度。而且随着近年来我国大城市综合交通枢纽的建设发展，依托高速公路网形成的快速交通体系，对于有效增强这些大型现代化综合交通枢纽的辐射半径与集散能力也必将发挥重要的作用。

（1）提高港口货运集疏能力

对于港口运输，以前仅靠铁路及低等级的公路提供客货运输，集疏运能力严重不足。随着一批专为港口运输服务的疏港高速公路的出现，为港口水运枢纽提供了陆上连接的桥梁，提高了各个港口的货物集疏能力，延长了港口对用户的辐射距离，扩大了"门到门"运输服务范围。以沈大高速公路为例，其建成前大连、营口两大港口的货物集疏主要依靠铁路，货物集疏能力严重不足，高速公路通车后该问题已经基本解决，运输效率和经济效率不断提高。目前，我国各地区高速公路运转可靠、效率高，辐射能力强。无论在内陆还是沿海港口运输中都发挥着越来越重要的作用，是港口集装箱集疏运的主要方式。如沪宁高速公路的开通，在苏州、无锡、常州和丹阳与京杭运河相连，在南京市和长江港口相连，提高了沿江各港口客货的集疏能力。湖北省高速公路网与周边省市高速公路网连接，货物可以快速运达华中航运中心武汉港口。而京津塘、沈大、济青等高速公路，则为沿海港口货物集装箱运输提供了有力的陆上交通集疏运支持。

（2）促进机场辐射范围的扩大

随着我国航空运输业的迅速发展，各地区重要干线机场的客货运输量也随之不断提高，而大量客货集疏运则主要依靠高速公路完成。在我国各大城市中，诸如首都机场高速公路等一批专为客货集疏服务的机场高速公路的陆续修建，使城市交通与机场枢纽紧密衔接，方便了货物的流动及旅客的出行。同时，随着相邻高速公路网络的逐渐完善，机场的辐射力也在逐渐扩展。例如京石、京津塘高速公路通车以来，河北、天津乘飞机的旅客可以取道高速公路到达首都机场，使首都机场的辐射力和覆盖力大为扩大。济青高速公路通车后，潍坊有了济南和青岛两个国际机场可供选择。又如沪宁高速连接了南京和上海两大国际空港，使通道内的机场成为沪宁沿线城市群共用的机场，尤其是无锡、苏州等大中城市，乘飞机的旅客都可取道南京或上海，大大增强了机场的覆盖范围。

3. 为其他运输方式提供支持平台

高速公路的发展为其他运输方式得以充分发挥优势提供了重要的支撑平台。公路网密度最大、通达深度最高、辐射范围最广，而且汽车在中短途运输中的送达速度又快于其他运输方式，所以道路运输成为唯一可以将其触角延伸到各个角落、将各种运输方式连接成为一个有机整体的运输方式，即各种运输方式的高效运行都需要高速公路运输为其提供高速集散。

（1）提高综合运输系统的服务水平和保障能力

通过高速公路建设提升公路运输的技术经济特性，使公路运输能够在深层次与其他交通方式组织多式联运，还能单独承担大量的中长途客货运输。给予消费者灵活多样化的服务方式，保证高效运输，提高社会对运输系统的满意程度。

（2）提高运输系统的整体运输能力

通过建设高速公路，合理安排、规划引导全省客货流的流向，集疏运支持线路固定的铁路、航空、水运这三种交通方式。使区域内由高速公路、铁路等构成的主要运输通道承担着集中的大量客货流，使运输通道中的各种交通方式充分发挥运输能力，发掘各种交通方式的潜力，提高运输系统的整体运输能力。

（3）实现可持续的交通运输系统

高速公路的建设布局促进各种交通方式协调发展与合理配置。公路运输主要承担中短途运输，铁路、水运和航空可以充分发挥其长途运输的优势。公铁、公水和公航的联运可以降低运输成本和人力、物力等外部成本，提高运输效率，减轻对环境的承受力，从而实现可持续交通运输系统的结构优化。

（四）对综合运输结构的影响分析

1. 促进运输结构向合理化发展

运输结构合理化即按照各种交通方式的特点和优势，促使各种交通方式扬长避短，达到整体优化组合，即用最少的投入取得最大的运输综合效益，满足国民经济发展的需要。因此，运输结构的优化必须按照运输经济规律和运输科学技术规律的客观要求，来平衡和协调运输业内部各种运输方式之间、运输业同国民经济之间的各种关系。注意在空间上陆、水、空相结合，在时间上长、中、短期相结合，充分发挥各种运输方式的现有和潜在能力，从而形成运输大系统的整体优势。

随着社会经济的进一步发展，我国交通运输需求呈现出由量向质转变的趋势。在旅客运输方面，旅客出行中消费性出行增长最快，并呈现需求层次高、时间和空间分布不均匀的势态。在客运结构上生产性出行的比重下降，消费性旅游的比重增长，人们从讲究经济实惠开始逐步转向追求快捷舒适，这就要求客运提供更多的快速、及时、舒适、可选择的运输服务。在货物运输上，产业结构随着经济发展不断进行调整，第一、二产业的比重下降，第三产业发展迅速，其产值和从业人数在发达国家已接近或超过一半。在产品结构上，向短小轻薄化、小批量多品种化和高技术化的方向发展，在货运上，产品重量趋于轻型，原材料用料下降，集约化产品逐渐增加，导致货运量增长幅度小于 GDP 的增长幅度。

运输结构是国民经济结构的客观反映，经济结构的变化必然带来交通需求模式的变化，而我国高速公路的建设，则正好顺应了运输需求对结构的要求，促进了运输结构的合理化。高速公路经过几十年来的持续快速发展，使公路基础设施总体水平实现了历史性跨越。高速公路的出现不仅延长了汽车的经济运距，并且能够提供规模化、个性化客运服务，较好地满足个性化需求，在中短途上明显地表现出优势。一大部分体积小而价值高、时间性强、快速直达的货物运输和舒适、安全、快速、直达的旅客运输纷纷转向公路运输，在某种程度上缓解了铁路等其他运输方式的压力，使各运输方式承担社会客货运量的比例趋于合理。

2. 促进各种交通方式之间合理竞争与协作

高速公路和其他运输方式各有自己特有的货运市场：高速公路主要运输价值较高、批量较小、时效性较强的货物；铁路主要运输大宗、低值、散货的货物，货运种类主要为能源、原材料和粮食等；水运主要承担长距离的大宗、低值和进出口货物的运输；航空主要运输小批量的高价、质量轻的货物。在客运方面，高速公路上小汽车已占客运总交通量的一半以上，主要承担着人们个性化出行需求。在群体性出行方面，虽然与铁路、民航有些竞争，但是为沿线中小城市提供快速客运条件是高速公路的优势和特色，通过高速公路的这种互补性，各运输方式所承担的运输范围更加合理。

高速公路的快速发展直接或间接地带动了运输市场中各种运输方式之间的有效良性竞争，其主要体现在以下两方面：

（1）改善了交通运输状况，促进了各种运输方式的快速发展

随着高速公路这一现代化公路运输方式的介入，与铁路、水运等形成了良性竞争，促使其提高其服务水平，极大改变了以往的运输格局，使铁路、民航等运输方式快速发展，不但在一定程度上缓解了铁路运输长期的、计划经济多年来一直没有解决的运输需求紧张状况，而且使整个运输市场的面貌大为改观，交通运输业得到了前所未有的大发展。

（2）带动交通行业降低运输成本、改善服务质量、增强竞争优势

在运输市场竞争中，合理的运输价格和服务收费，是市场竞争取胜的关键。获得低价竞争的途径为"成本领先"。而要达到"成本领先"、降低运输价格的目的，技术创新是运输企业的主要驱动力之一。公路运输以高速公路的发展为契机，客运方面使用性能先进的车型，货运方面发展大型拖挂车和专用车，积极组织货物快件运输、集装箱运输和冷藏运输等，并利用技术的改进努力延伸公路的经济运距。

高速公路的出现，促使其他运输方式不断采用高新技术来提高运输速度，使用先进的运输工具来扩大运输能力，提高自身竞争力。铁路运输加大技术改造和科技投入，加快推广计算机在铁路运输中的应用，并多次对旅客列车实行大提速，缩短旅行时间。民航和水运为适应竞争需要，也积极引进先进的运输工具，使民航干线飞机巨型化、超高速化，水上货运船舶大型化、专业化、高效化，水上客运努力实现旅游化、高速化。同时，高速公路也促使了各种运输企业在创造价格和服务优势方面的不断探索，大大地推动了运输新技术的广泛应用，降低了运输成本，促进了运输服务质量的全面改善和提高。

总的来看，高速公路的快速发展直接或间接地带来了运输市场的竞争。就整个运输体系的发展来看，高速公路所引发的这种相互竞争的态势，是客观而且必要的。竞争最终受益的还是社会大众出行有了更多的选择，并且能够享受优质的运输服务，提高了生活质量。各种运输方式有序良性竞争的结果是客货运输业总体向着优质高效方向发展，各运输方式自身的技术经济水平不断提高，所承担客货运输的范围日趋合理，促使综合运输体系逐步向系统、协调的方向发展。

(五) 促进现代物流发展

现代物流业的发展，离不开高效能运输通道和网络的支持。在现代物流产业的发展过程中，高速公路发挥着无可替代的推动作用。

1. 高速公路是现代物流的重要基础条件

高速公路将各种运输方式的物流节点紧密联结成一体，构成更加完善的区域物流网络，为工业企业和商贸流通企业提供优越的物流平台和物流条件，从而带动区域内产业的整体升级，进一步促进区域经济的聚集与扩散。所以，高速公路网的形成提升了物流系统的基础设施水平。同时，随着高速公路网络的不断完善和发展，物流节点趋向于设置在高速公路沿线以及高速公路与其他等级公路运输方式交会的枢纽地带。

2. 影响物流运输成本

运输是物流系统的核心功能，运输成本占到物流成本的40%左右。高速公路的出现极大影响了公路运输成本，在直接成本、运输成本的外部表现运费方面得到很好的反映。

高速公路促使公路运载工具向大型化、专业化发展，能够加大装载能力，满足货物的运输能力，提高装载率。

高速公路的货运速度是普通公路的两倍左右，公路货运的流动速度将得到提高，公路运输周转快，相应会降低单位货物运输成本；高速公路快速货运扩大货物经济运距，公路运输固定成本平均分摊到单位运输成本中变少，单位运输成本下降。

3. 改善现代物流服务水平

高速公路的建设和发展，将会提高公路运输的效率，使公路运输很好发挥应有的作用，改善现代物流服务水平，主要表现在以下三方面：

（1）提高物流效率

在物流运输中，作为基础集疏运输和通道直达运输的高速公路运输具有速度快、效率高的特点，能提高物流运输的整体效率。高速公路将公路运输的经济里程提高，对其他运输方式进行分流，可以缓解运输压力，提高整体运输供给能力，保证物流运输组织合理、经济。由高速公路引导的公路快速货运具有"门到门"、速度快、灵活机动的能力。公路直达运输可以减少中转换载，从而提高运输速度，省去装卸成本，减低中转货损。

（2）扩大服务范围

在物流设施网络和信息能力的条件下和高速公路为骨架的公路网支持下，现代物流可以在省域乃至全国范围内实现物资的及时、快速、准确到位的物流服务。一方面工商企业的产品需要快速运输到外省、外市大范围的销售地；另一方面，时令的农副产品也需要快速高效的物流运输，相对其他交通方式，高速公路引导的公路网覆盖面广，更能满足现代物流运输要求。

（3）保障物流运输可靠性

运输的一致性是运输可靠性的反映，是高质量物流运输的重要特征。高速公路运行速度快，运输时间短，使公路运输的时间变化小于铁路。面对现在企业"零库存"生产模式，公路运输有一定的保障性，可以保证企业正常生产活动，提高运输质量。

第二节 高速公路对区域经济发展的影响分析

一、对宏观经济的影响分析

交通运输条件是影响区域经济发展的重要因素。在微观上，交通运输条件影响着经济活动的区位选择；在区域整体发展上，交通干线运输能力的大小和线路走向决定了交通经济带在空间上的范围和分布，促进了区域经济空间结构的形成，影响着区域的自我发展能力。在宏观上，交通运输是区域间密切联系的纽带，决定着区域的区位条件和开发开放程度。

20 世纪 90 年代中期以来，随着的经济的快速发展，我国日益重视通过现代化交通设施的建设，适应社会经济发展的要求，高速公路建设进入了快速发展阶段。高速公路的规划建设，从改善经济发展环境、吸引国内外资金与技术投入、调整工业布局、发展新兴产业经济等方面促进了沿线地区经济的发展。并为沿线地区的经济发展提供了便利的交通条件，促进了社会经济迅速发展、经济布局与结构不断优化、经济增长方式逐步转变、综合竞争力不断提升。随着高速公路网络化进程的加快，其规模经济效应逐渐体现出来，在社会经济发展中的影响和作用将越来越大。

（一）国民经济效益分析

高速公路建设的国民经济效益是指项目建成后，改善了区域交通状况，降低了运输成本，促进了公路运输业的发展，刺激了区域间客货运量的增加所产生的效益（或减少的损失）。国民经济效益是高速公路使用者所获得的效益。从国家和全社会的角度，进行高速公路建设项目的国民经济效益分析和评价，是宏观上合理配置国家有限资源、真实反映项目对国民经济净贡献的需要，有利于引导投资方向、控制投资规模、提高投资决策的科学化水平。

在高速公路项目后评价中所做的国民经济效益分析和评价就是以高速公路使用者获得的效益为主，按照现行的公路建设项目经济效益评价方法，其中包括运输成本降低效益，旅客、货物在途时间节约效益，交通事故减少效益等。

1. 运输成本比普通公路少

与普通公路相比，在车辆运行速度、载重量、车型、车况相同的情况下，高速公路由于路面质量好、坡度小、行车干扰少、起停次数少，对轮胎的磨损较小，确保了高速公路上的各型汽车能够达到或接近经济速度行驶，燃料消耗小，延长了车辆的使用寿命，降低了运输成本，给道路用户带来了显著的直接经济效益。同时，普通汽车的经济时速一般在80~100 km/h，而高速公路的设计行车速度一般为80~120 km/h。因此，汽车在高速公路上行驶能够达到其经济时速，提高燃料利用率，减少油耗，节约运输成本。

2. 运行时间比普通公路节约一半

时间节约效益是高速公路项目经济效益的重要组成部分，也是最突出的效益之一。由于高速公路运输条件及设备齐全，运行速度快，可以大大缩短旅客和货物的在途时间，充分发挥运输工具的能力，产生显著的时间节约效益。高速公路的平均技术车速约为100 km/h，而一般公路只有50 km/h左右。汽车在高速公路上行驶的时间一般可比普通公路节约一半左右。同时，高速公路与一般公路相配套，可以实现"门到门"运输，转装环节少，能够节省货物在途时间。此外，高速公路的建设，缓解了平行道路交通拥挤的状况，提高了车辆的平均行驶速度，缩短了运输时间，产生了时间节约效益。

随着高速公路里程的不断延伸，规模效益逐步发挥，人们切身感受到高速公路带来的时间、空间观念的变化，在山东、辽宁、广东、江苏等地，省会到地市当天可以往返，这在过去难以想象，现在早已可以实现。

3. 交通事故显著减少

安全是反映运输质量的重要指标。高速公路由于采取了控制出入、交通限制、分隔行驶、汽车专用自动化控制管理系统等确保行车快速、安全的有效措施，尤其是消除了机动车与非机动车以及行人之间的混合交通现象。与普通公路相比，具有交通构成简单、车速均匀、无横向干扰、无对向干扰等特点，提供了良好的交通环境，从而使交通事故比一般公路大大减少，有利于保障交通安全，减少运输伤害。

4. 国民经济效益对比分析

从高速公路国民经济效益的构成来看，道路使用者获得的直接经济效益主要来自运输成本节约效益和运输时间效益。同时，高速公路上行驶车辆中客车比例较高，所以旅客在途时间节约效益较为明显，而货物在途时间节约效益较小。此外，不同地区高速公路建设项目的国民经济效益构成也具有不同的特点：①位于地形地貌复杂、交通不便的地区，如西南地区的成渝、桂柳等高速公路，由于建设的技术标准较高，与原低等级公路相比，高速公路能更为有力地保障交通安全，减少交通事故的效益就更显著；②位于人口密集、经济较为发达地区或行程时间节约较明显的高速公路，如深汕高速公路、沈大高速公路、成渝高速公路，沿线人员的流动性较强，经济联系密切，时间节约效益所占比例一般高于平均值；③沿线资源较丰富、制造业发达或连接港口城市的高速公路，如哈大高速公路、京津塘高速公路、杭宁高速公路等，客货运量较大，运输成本节约效益较明显。

高速公路只有形成一定规模和布局合理的网络，连续运输距离达到 800 km 左右才能显现它的独特优势，发挥其规模效益，实现社会资源的空间分布，起到保障和促进国民经济发展的作用。我国高速公路建设最初是连接中心城市、港口等主要交通枢纽，近几年转向大规模跨省贯通，在经济发达地区和城市带，高速公路发展已开始进入网络化的关键阶段。

我国高速公路多年发展实践历程再次证明了这样一个不变的真理：交通运输发展必须与国民经济建设相适应，而且要实现一体化发展，今后的发展也必然符合这个客观规律。

（二）社会经济效益分析

高速公路作为社会经济系统中重要的交通基础设施，其对经济和社会整体发展所产生的影响，是通过它与国民经济各部门及社会再生产各环节之间的技术经济联系和交互作用来实现的。高速公路的社会经济效益，不仅在于项目本身的获利能力以及使用者所获得的各种利益，更重要的是它对社会经济的各宏观领域产生的影响，包括高速公路及其承载的公路现代化运输系统在支撑国家和区域经济发展、推动社会进步、保障国家安全、服务可持续发展等各方面所产生的综合效益。社会经济效益是高速公路在经济发展与社会进步中产生的无形的效益，它并非由高速公路的使用者直接获得，其受益范围与群体是十分广泛的。

根据国内外相关理论研究与实践证明，高速公路建设项目对社会经济的促进作用主要表现在三方面：一是高速公路投资建设活动本身通过促进建筑业的相关产业产值增长而直接对增加国民生产总值，拉动经济增长的作用；二是高速公路投入使用后，因通行能力增加和行车条件改善，使影响区域出行条件更加便利，运输服务业发展所产生的效益；三是因缓解交通瓶颈制约状况，改善投资环境和区位条件而对区域产业发展产生的巨大波及作用，这一点对区域宏观经济发展将产生持续而深远的促进作用。

1. 高速公路是保障我国社会经济持续快速健康发展的重要交通基础设施

交通运输是国民经济的流动载体，社会经济的迅速发展需要快速、便捷的交通运输系统作为支撑。高速公路作为一种现代化交通方式，以及综合运输体系的重要组成部分，其迅速发展满足了我国经济增长方式转变时期，市场经济条件下，商品与资源大规模流通，客货运输结构调整、规模成倍增长对高质高效运输体系的要求，是保障国家和区域社会经济持续快速健康发展的重要交通基础设施。

高速公路具有快速、安全、舒适、大容量的特征，我国高速公路建设发展的这几年也正是我国社会经济迅速发展，经济布局与结构不断优化，经济增长方式逐步转变，综合国力不断提升的时间。我国改革开放步伐不断加快，经济发展逐步走上正轨，体制改革取得了突破性进展，经济实力持续稳定高速增长。

我国经济正处在高速增长阶段的关键时期，也是经济发展的转型期。此期间，正是高速公路大规模建设发展的时期，处理好交通建设与经济发展两者之间的动态协调关系十分重要。从我国社会经济发展的实际需求看，现有的高速公路尚不能满足社会经济发展的要求，特别是在经济发达的沿海省份、中西部地区部分交通干线上，交通拥挤情况十分严重，严重阻碍了商品的流通和经济的发展。因此，必须加快高速公路的建设。我国国家高速公路网规划的出台和实施，是实现现代化的迫切需要，同时也为我国高速公路的加快建设指明了方向。

2. 高速公路的发展推动了我国工业化进程

工业化和工业社会的发展是高速公路在世界各地迅速普及与发展的动力源泉。我国高速公路的建设和发展也是源于改革开放以来工业化发展进程的需要，同时又推动了我国工业化步伐的加快，从而促进了我国经济的快速发展。

工业化使货物需求结构趋向高附加值和多样化，生产过程和组织的逐步社会化和规模化以及分工的专业化，对发展高速公路这种现代化的交通运输方式提出更为迫切的要求。一方面，工业化的发展进程中，整个社会生产过程的中间需求大幅增加，最终产品的加工深度不断加深，产品品种和式样的多样化，以及附加值的提高，市场进一步扩大和细化，高价值、多品种、多类型货物迅速大幅增加，对运输可靠性和灵活性的要求空前强烈；另一方面，地区内和全国各地间经济的互动和联系的密切，尤其是经济一体化的加强，扩大了货物运输的空间地理范围和规模，增加了对联结地区和全国的快速、大容量、高适应性的干线运输及其基础设施的强烈需求。

高速公路运输具有快速、便捷、灵活的特点，能够满足我国工业化发展过程中，货物运输的总量与结构需求。在工业化的推动下，高速公路得到迅速普及和发展。同时，高速公路的建设发展，使国家与区域交通条件显著改善，又带动了国家和区域的工业化发展，使经济迅速增长，两者相互协调相互促进，带动了我国社会经济与交通的一体化和可持续发展。

改革开放以来，我国的工业化进程步伐很快。由于工业发展基础的差异，东部地区在我国工业化进程中一直走在前列，已经进入了以高加工度产业为主的发展阶段，信息产业、生物工程、光纤通信、汽车工业、自动化控制等资金密集型和技术密集型产业成为主导产业，新兴产业、高技术产业、出口创汇产业和第三产业的比重增大。东部地区工业化进程中由于基础好，发展快，开放程度高，交通运输需求也比较旺盛，高速公路的发展速度与建设步伐也较中西部地区快。随着中西部地区资源开发步伐的加快和国家区域开发政策的扶持，中西部地区的工业逐步发展起来，高速公路的建设也随之兴起。

我国已经迈上新型工业化道路，主导产业逐步向资本与技术密集型产业转移，工业加工能力明显提高，高附加值工业品和消费品的产量逐步提高。而"订单经济""物流经济""跨国经济"等新型经济模式将对交通运输的质量提出更严格的要求。新型工业化对运输服务效率和质量也提出了更高的要求，迫切需要发达的高速公路交通网络系统支持，以满足不断增长的多样化的运输需求，为工业化进程提供基础设施保障。

3. 高速公路的建设发展是保障国家和区域经济发展战略实施的重要手段

高速公路建设作为交通基础设施，具有投资巨大的特点，其建设是国家宏观调控和实施产业投资战略的重要手段之一，在推动和促进我国经济发展战略的顺利实施中发挥了十分重要的作用。

（1）东部地区高速公路优先发展满足了该区域经济快速发展的需要

我国在经济体制改革和对外开放中，对资源配置和区域经济发展战略也做了相应的调整，着重充分发挥和利用各区域优势尤其是东部沿海区域的经济技术区位优势，实施了区域经济非均衡发展战略，重点优先发展东部，以东部的发展带动中部和西部的发展，使生产力及区域经济布局逐步由东向西做梯度推移，在财政、投资和体制改革方面实施了一系列向东部倾斜的政策措施。

在这一时期，高速公路项目作为基础建设投资的重要组成部分，也相应地向东部地区倾斜。沈大、京津塘、济青、广佛等一批高速公路的建设满足了东部地区经济快速发展的需要。带动了长江三角洲、环渤海湾、珠江三角洲经济核心区和增长极的出现。对区域对外开放与经济建设起到了巨大的推动作用，使东部沿海开放地带和工业城市群迅速发展成为我国经济最发达的区域。促进了整个国民经济的高速增长，增强了国家和区域的经济实力，获得了显著的社会经济效益。

（2）公路交通建设先行是西部大开发战略成功实施的前提条件和重要手段

20世纪90年代以来，面对继续实施区域经济非均衡发展战略将对我国国民经济的持续发展产生的一系列不利影响，我国逐步确立了区域经济均衡协调发展战略的指导思想。

高速公路国道主干线的建设，使交通条件的明显改善，拓展了西部地区优势产业的市场空间，提高了产业竞争力，助推了西部经济社会发展。形成国民经济新的增长空间，增强国民经济的活力和发展后劲。加快包括高速公路在内的交通基础设施建设是促进西部地区经济社会持续发展、不断增强对外开放广度和深度的先决条件。在西部大开发中起到了积极的先导性作用，促进了西部地区国土开发和区域经济实力迅速提升，既有利于将西部地区的市场、资源和劳动力优势与东部地区的资金、技术和人才优势结合起来，也有利于为东部地区经济发展拓宽市场。逐步形成区域经济优势互补、良性互动的新局面，对推动国家和区域经济发展战略顺利实施起到了重要作用。

所以，尽管西部地区社会经济发展基础相对薄弱，高速公路建设投资巨大，但其经济效益是十分显著的，具有积极的社会影响，对西部地区社会经济的持续快速发展具有重要的推动作用。随着国家相关扶持政策和措施的出台，以及高速公路投融资渠道的多元化和产业化经营的不断深入，西部高速公路的建设发展将更加迅速，并对西部大开发战略做出重要的贡献。

（3）高速公路建设为振兴东北老工业基地创造了良好的外部环境

21世纪初，国家提出了振兴东北老工业基地的区域经济重大发展战略，制定了一系列扶持政策。在这一战略中，公路交通基础设施先行建设发展是一个重要举措，也是整个战略的重要基础保障条件。随着高速公路投资建设力度的加大，经过短短几年的努力，东北三省初步建立起了较密集的高等级公路网，高速公路建设和发展较快，已形成了以京哈高速公路为主骨架的高速公路大通道和以沈阳为中心的区域高速公路交通枢纽。这些高速公路项目的建设，彻底改变了东三省老工业基地长期以来主要依靠铁路运输的传统模式，优化了综合运输结构，打造了高效、快捷的现代化物流运输平台。

交通运输对地区经济的发展具有很强的基础性、先导性作用，是经济发展和经济起飞必须投入的社会先行资本。无论我国是在实行区域非均衡发展战略时期，还是区域协调发展战略时期，高速公路都是区域经济建设的先导性交通基础设施，这是因为与其他运输方式相比。高速公路更具显著的技术经济优势，区域经济的交通纽带作用更强，可以更大程度地提高可达性和市场范围，促进地区间的交流，使影响和辐射区域在更大的范围内融入国民经济甚至全球经济发展的整体中，在与外部经济的联系中加快自身经济发展进程，推动区域社会经济的快速、协调、可持续发展，实现国家的经济发展战略目标。

4. 高速公路的建设是我国参与国际经济与贸易竞争的重要基础

现代社会条件下，对外经济贸易对一个国家国民经济发展具有"助推器"或"引擎"

的作用。外向型经济发展的核心是以出口规模扩张和档次提升来带动产业高度化，将国内生产要素的优化配置与国际市场供需联结起来。对外经济的发展、外向型经济的形成，有利于国民经济结构的调整与优化，增强国家综合国力和经济的国际竞争能力。在经济全球化背景和加入 WTO 的推动下，我国的外向型经济得到了进一步发展，在世界贸易体系中的作用明显增强。在国际产业分工中，我国在世界制造业中的优势地位更加突出，逐步成为劳动密集型产业、部分资本密集型产业和高技术产品加工环节的世界生产基地。

随着经济全球化和我国加入 WTO，经济的发展和运输产业的升级换代，对交通运输的需求从量的方面逐渐更多地表现在质的方面，从要求不断提高运输能力逐渐转化为不断提高运输的服务水平。经济贸易交换模式的转变要求有可靠的、服务精良的运输服务系统作为保障。国内企业通过提高服务质量和降低经营成本来提高其市场的竞争力，也对我国的运输服务水平、运输系统的可靠性、运输系统经济性提出更高的要求。

高速公路的建设，能够改善沿线地区的交通条件，优化投资环境，加速沿线地区的经济、技术交流，促进区域产业结构的调整和产品结构的升级。高速公路沿线地区往往是区域主导产业、高新技术、高附加值、出口创汇产业的聚集区，沿线一些传统的纺织、轻工、家电等行业通过合资合作与引进消化国内外先进技术，生产水平、产品质量和档次已有了根本性的变化。而高速公路大通道和区域网络的建设，能够促进商品和各种经济资源要素的自由流动和充分竞争。使区域的产业发展环境更符合外向型经济发展的要求，为我国参加国际经济与贸易竞争创造了条件。现阶段我国高速公路建设发展较快的东部地区也正是我国对外贸易最为活跃的地区。

同时，通过高速公路的建设运营使沿线区域可达性提高，激活并增强了地区间资源配置、人才与技术交流、商品交易活动，调整了沿线地区的产业布局促进了沿线区域三次产业结构优化，加快了外贸产业化进程。随着高速公路的建设，沿线地区农业产业逐步由传统农业向现代农业转变。工业产业由劳动密集型向技术密集型、资金密集型转化，并逐渐实现规模化、集约化。

在经济全球化、加入 WTO、西部大开发、市场经济体制的基本建立等因素的影响下，预计未来我国对外贸易将有较大发展。同时，我国高速公路将形成连接周边国家、与亚洲公路网相配合的国际高速公路通道。加强与周边国家联系，打通对外公路通道，促进边贸发展，这对于我国边境地区发展，推进西部开发乃至促进全国经济发展具有十分重要的意义。

5. 高速公路网络化产生规模经济效应

网络经济学认为，任何网络都具有一个基本的经济特征：连接到一个网络的价值取决于已经连接到该网络其他用户的数量，在其他条件不变的情况下，连接到一个较大的网络要优于连接到一个较小的网络。高速公路亦是如此，其作用在形成一定规模网络系统的时候可以更充分地显现出来。当高速公路在多点之间的延伸距离能够达到 500～800 km 时，区域高速公路的网络化、规模化效益就会更加突出，对于所服务区域社会经济发展的促进和保障功能更加显著。

二、对沿线地区产业发展的影响分析

（一）促进产业布局调整

高速公路的建设能够通过改善沿线交通条件，调动经济发展潜力，在高速公路沿线形成区位优势，并产生强烈的吸引力，形成产业布局上的相对集中和聚集，加速区域的产业布局调整与优化，从而带动区域产业的迅速发展。

1. 扩展区域产业发展空间

高速公路对区域产业空间布局的影响主要是通过产业的集聚和扩散作用实现的。从高速公路建设对城市产业发展空间的影响来看，高速公路的建设，通过改善城市的对外交通条件，使交通瓶颈对产业发展的约束降低。大中城市建设过程中往往会出现中心区工业企业集中、人口密度大、用地紧张、环境恶化等经济布局的结构性矛盾，使工业企业产生"外溢"现象。高速公路的建设，沿线聚集效应的增加，导致各类生产要素和工业企业大规模向城市边缘地区尤其是各类工业园区与开发区集中，也自然对城市的"外溢"产业产生了巨大的吸引力。并且能够通过聚集的资金和技术优势，为其发展提供新的机遇和活力，获得超常的"产业聚集经济效益"。同时，也为城市中心区发展商贸、商务办公、文化娱乐业等创造了条件，使城市的服务功能得到完善和增强。高速公路建设带动下的这种城市用地的置换和城市产业发展空间及规模的有序扩张，从整体上促进了城市产业布局的调整和优化。使城市交通和经济发展走上了良性循环的道路，从而对带动城市经济发展产生了极其深远的影响。

从高速公路的建设对区域产业布局调整的作用来看，高速公路最初只是连接区域经济中心城市的主要路段，这一时期的集聚作用，主要体现在离城市距离较近的高速公路出入口附近。当中心城市的集聚作用发展到一定程度时，中心城市的经济开始沿高速公路辐射，扩散作用同时发展，使经济发展空间逐渐扩大，并带动相关产业的迅速发展。随着工业化进程的加快和高速公路的发展，逐步建设起连接区域大中城市的线路，高速公路通道开始形成。一些传统产业、污染较严重的产业逐步从区域经济中心城市向高速公路沿线或中等城市迁移。经济中心城市的高科技产业、金融、信息、教育等第三产业发展更为迅速，并进一步建设起连接周边小城镇和卫星城的高速公路，区域高速公路网络已现雏形。以大城市为核心，以城市群为基本构架的经济区域开始形成，区域内部的经济一体化日益增强，高速公路产业带和城市（镇）群在区域经济发展的进程中逐步形成并迅速成长起来。

2. 促进区域产业布局模式由点轴型向网络化方向发展

在高速公路建设的推动下，影响区域产业布局模式的基本形态是由点轴布局模式向网络布局模式发展。在高速公路建设初期，区域内高速公路主要连接区域经济实力最强、发展较快的大城市，这一时期，区域的产业布局以点轴布局模式为主，大城市间的商品、信息、技术、资金流动随着交通便利程度的提高而更加频繁，经济实力不断提升的同时，也带动了沿线地区中小城市（镇）经济的迅速发展。随后建设的高速公路主要连接区域大城市与中小城市，或连接区域与周围城市，使高速公路逐步形成了区域性网络，产业布局模式也逐步向网络化方向发展。大城市的辐射带动作用进一步增强，部分产业向区域内众多交通便利的中小城市转移，使其经济实力迅速提升，形成新的经济增长点，促进了区域经济的一体化发展。

（二）推动产业结构优化

产业结构表现为区域内各种类型的产业部门之间及产业内部的比例关系。产业结构的合理化与高度化是国家和区域经济增长质量和可持续发展能力的重要标志。改革开放以来，我国产业结构调整已经取得了巨大成效，国民经济总量增长从主要由第一、二产业带动转变为主要由第二、第三产业带动，尤其是大力发展第三产业，但还存在着产业技术含量不高、经济增长方式亟待转变、节能和环保形势严峻、对就业带动作用有待提高等问题。

高速公路的建设，除了直接带来交通建筑业产值增加外，对沿线区域的运输业、物流业等现代服务业发展也具有直接的促进作用。此外，通过交通区位优势的提升，对于沿线地区资源开发、新兴产业园区的布局规划也有间接的促进作用，对于受影响区域三次产业结构及产业内部结构调整具有明显的导向作用。能够提高产业技术水平，带动区域建立与高速运输和产业密集分布所适应的产业结构体系，从而促进区域经济增长方式的转变，提高产业经济竞争力，对推动社会经济的持续、健康发展具有重要意义。

1. 促进三次产业结构的调整

高速公路的建设，显著改善了沿线地区的交通基础设施条件，促进了生产要素的加速流通和资源的合理配置，带动了区际贸易的发展，使区域经济在更大的范围内融入市场竞争中。在区域经济发展内部形成既有分工又有协作，紧密联系的有机整体，区域产业结构也逐步向着合理化、高度化方向发展。

多年来，高速公路的通车所带来沿线地区投资环境的改善、区位优势及综合竞争力的提升效益是有目共睹的。借助于上述有利的外部环境影响，公路沿线各类企业、开发区的建立，促使科技含量和附加值高的产品大幅增加，增强了非农产业对富余劳动力的吸纳能力，推动了区域的劳动力由农村向城镇、由农业向工业、由第一产业向第二、三产业转移，从而影响了沿线产业结构的变化与改善，三次产业结构的变化趋势表现为第一产业普遍下降，尤其是中西部地区高速公路的沿线城市，第一产业的比重下降幅度较大。第二、三产业比重普遍上升，在经济实力较强、经济基础雄厚的中心城市，高速公路的建设使工业转移至周边的中小城市（镇），比重逐步减小。区域的商贸、金融、教育、科技、服务功能更到了长足的发展，第三产业比重上升。在经济基础相对薄弱的沿线城市，产业结构调整呈现第二产业比例提高，而第三产业比例下降的趋势。

2. 提升产业内部结构

（1）高速公路对区域农业内部结构调整的影响

我国区域间、城乡间社会经济的发展还很不平衡，乡镇和农村经济的发展除受资源、资金、技术、观念和自身基础等方面的限制外，交通运输条件落后也是重要的制约因素。高速公路的建设能够有效地缩短城乡间的时空距离，扩大城乡间社会经济交流，为城市地区向较为落后的农村地区辐射创造条件。加速商品和技术流通，随着农业市场范围逐步扩大，农村经济和社会发生了深刻的变化。

在高速公路建设的带动下，为长期受交通条件制约的地方经济由封闭或半封闭的传统运行模式，向资源开发与市场全面开放的外向型经济转型提供了重要的基础保障条件。公路沿线的农业发展呈现出以下态势：首先，高速公路的建设拉近了城乡间的距离，使沿线农业更加趋于以市场为导向的外向型、效益型、都市型农业。农业的规模经营和集约化生产得到了加强，推动了农产品的商品化和农业的现代化。表现为在农业内部结构中，传统的种植业比例呈下降趋势，依托高科技助推的经济作物的产量不断提高，新品种不断开发，农产品附加值不断提高，而对粮食作物产量及产值的依赖程度逐步减少。

其次，高速公路的建设加速了信息与技术的交流，使沿线农业发展中更注重科技含量的提高，外向型农业、生态型农业呈现出快速发展的态势，提升了农业的整体素质和效益，加快了由传统农业向现代农业的转变。

最后，高速公路的建设，使沿线农业生产更加注重规模效益，农业产业链不断延长，各类农业园区逐步兴起。可在高速公路沿线建设风光、旅游休闲农业基地，大力发展农副产品加工和流通服务业，引导乡镇企业充分利用现有人才、技术、设备等优势，发展食品饲料为重点的农产品加工业，并逐渐向精深加工、规模加工、系列加工和出口加工方向发展，形成了一些规模大、效益好和带动辐射功能强的农副产品加工、流通、服务型龙头企业，生产基地区域化布局日趋明显。

（2）高速公路对区域工业内部结构调整的影响

高速公路的建设改善了沿线的投资环境，加大了工业资金的投入，使工业整体规模和水平取得了明显的提高，工业结构调整取得较大进展，促进了沿线产业由劳动密集型向技术密集型、资金密集型转化，带动了工业的规模化、集约化发展。同时，高速公路的建设加快了信息与技术的流通速度，便于沿线的众多传统工业基地吸收新技术和工艺，扩大了技术扩散范围，导致产业分工的深化，引导传统工业向深加工、精加工、高附加值和低消耗方向发展，促进行业技术进步和产业结构的升级。

（3）促进高速公路产业带的形成

高速公路产业带是以高速公路及其形成的运输网络为依托，以高速公路干线为发展轴，以高效、时效农业、高科技产业及旅游、信息等新兴第三产业的发展为主导，以持续发展目标为约束因素的一种带状区域经济系统。

点—线—网—面，是国家和地区经济布局有序展开，实现区域经济协调、迅速发展的一般路径。发达国家的产业带，特别是高技术产业带几乎都是沿高速公路而建。从我国已建高速公路项目后评价的资料亦可看到，高速公路沿线地区凭借交通区位优势，能更便捷地接受两端特大城市的辐射，加快资源优势向经济优势转化的步伐，提高地区经济市场化的程度，促进产业结构的优化升级，经济增长速度明显超过其他地区，高速公路沿线产业带是区域经济发展的重心。

为了深入考察高速公路建设及产业带的发展对国家及区域经济发展的影响，特选取多个高速公路建设项目，以高速公路建成年份和建成后 3～5 年为评价特征年，对沿线城市的社会经济发展指标进行分析。高速公路建成以后，沿线城市的经济发展速度明显高于同期所在省份的经济发展速度，国内生产总值占省份的比重也都有不同程度的提高。

经济技术开发区是我国改革开放以来经济开发的重要空间载体，也是高速公路产业带建设的重要组成部分。经济技术开发区作为高速公路产业带上的经济发展亮点，在推进了国家和地区经济的对外开放、发展高新技术、促进区域经济发展等多方面起到了窗口、辐射、示范和带动作用，在区域经济结构调整和产业结构调整方面起到了重要作用，成为外商在我国投资的热点地区和外贸出口的主力军。从我国开发区建设的经济效益来看，高速公路的建设，已经成为各级开发区经济腾飞所依托的重要条件。

三、对改善投资环境，发展外向型经济发展的影响

(一) 交通条件对投资环境的影响

所谓投资环境指影响国际资本有效运行、决定资本基本职能的发挥以及实现资本增值的一切外部条件和因素，在某一国家或地区以某种有机的结合方式而形成的特有的综合条件体系。一般可分为"硬环境"和"软环境"，硬环境包括基础设施、资源保障、地理位置等，软环境包括政治条件、文化背景、行政管理等。在市场全面开放，经济全球化、区域经济一体化发展的现代社会，交通基础设施的完善程度及其服务保障能力是衡量投资环境的决定性因素之一，因此，交通运输条件的改善对区域经济发展有着至关重要的作用。

高速公路作为快速、便捷、安全的交通方式，对区域投资环境的改善和区域经济的发展具有巨大的促进作用。高速公路的建设，为直接影响或辐射地区创造了优越的交通条件，能够提升沿线地区的区位优势，扩大了城市的辐射与吸引能力，增强人员、信息的对外交流与联系，便于借助有利的政策环境、丰富的资源来为外商提供良好的投资条件，创造良好的招商引资平台，加快了沿线地区改革开放步伐，促进地区间的经济合作与协同发展，获得超常的经济增长效益。

高速公路沿线地区的合同/实际利用外资额均有明显的增长，且增长速度均高于所在省区相应时期内的平均水平。可见高速公路建设，在增强沿线地区对外资吸引力方面的作用是十分显著的。尤其是地区内建成通车的第一条高速公路对吸引外资贡献较大。

高速公路对影响区域投资情况的影响程度与沿线地区经济发展状况有密切的关系。高速公路沿线区域招商引资额的年平均增长率普遍高于同期所在省份的年平均增长率。此外，中西部地区高速公路的建设对地区招商引资起到的促进作用较之长江三角洲、环渤海湾、珠江三角洲地区更为显著。这是由于东部较发达地区的区位优势明显、经济基础好、开发时间早，利用外资已经达到一定规模。而与东南沿海经济发达地区相比，交通运输条件落后是中西部地区吸引外资的首要制约因素。

(二) 对外向型经济发展的影响分析

发展外向型经济，以解决自身投资不足制约地区经济发展的矛盾，是经济在低通货膨胀的情况下实现持续增长使区域社会经济发展进入良性轨道的重要保证。高速公路的建设，一方面，改善了区域运输条件，减低了运输成本，增强了空间的可达性，将国内生产要素的优化配置与国际市场供需联结起来，带动了生产水平与产品结构的升级，以出口规模扩张和档次提升来带动产业高度化，促进了外向型经济的发展；另一方面，扩大了区域

对外开放程度，加快了对外贸易的快速发展，使我国在经济全球化、一体化的浪潮中，能够更好地把握发展机遇，增强了经济的国际市场竞争能力和国家的综合国力。

因此，拥有高速公路这种现代化的交通条件已成为我国许多地区发展外向型经济的必要基础设施，具体表现在以下三方面：

第一，密切了沿线地区企业间的联系和协作关系，有利于促进生产水平和产品结构的升级，扩大出口商品的货源。此外，不少跨国公司如美国通用电气、安利，德国西门子，日本松下电器等相继落户广州，引进了交通控制系统磁卡机、轻轨电车、铁道车辆、通信设备等一批高新技术项目。

第二，缓解了通道的瓶颈制约状况，疏通了内陆城市与沿海港口的关系，为商品的进出口提供了必要的交通条件。为满足港口经济发展的需求，完善港口对外集疏运体系，引导港城经济社会和谐发展，天津市市域综合交通规划进一步加强了港区高速公路建设，规划路线不仅使天津港与北京等内地联系更加紧密，还连接了黄骅港、京唐港和秦皇岛港，满足京津冀、环渤海乃至全国的交通发展战略要求。

第三，依托高速公路的汽车运输方式具有直达、快速、灵活、方便等优点，能够满足外向型经济对高效流通体系的要求，增强产品的市场竞争力。

四、对资源开发的影响分析

（一）对土地资源开发利用的影响

高速公路的建设及其形成的高速度、大容量的现代化运输通道有力地提升了沿线土地的交通区位优势，调整了相关区域的产业和人口布局，诱导了大量新的资本在其周边投入运营，提高了高速公路所连接的端点（中心城市）和主要节点（沿线主要城镇）区域土地资源的开发利用强度，有力地带动了高速公路沿线地区的土地增值。

高速公路的建设对土地价值的影响，往往在项目实施前就已产生。表现为高速公路出入口附近的土地由原来的农业用地转化为商业用地，产生土地增值效益。同时，高速公路的建设带动了沿线地区工业用地的开发，随着工商企业的大量入驻，当地的经济发展速度不断加快、产业规模逐渐扩大，又将吸引大量居民迁居至此，加速了房地产业的建设发展，住宅地价也会明显提高。

同时，高速公路的建设加速了沿线地区土地资源的开发利用，促使沿线地区形成了区位优势，能够引导沿线土地利用方式发生相应的改变，优化了农业和工商业的土地利用结构，提高了综合经济效益。

高速公路的开通也带动了沿线地区乡镇企业的快速发展，促进了工商业土地利用结构的优化。高速公路出口附近地带都被各级政府规划成工业园，这些高新技术开发区、工业园区、旅游度假区和城市新区，逐渐在高速公路沿线形成了一个城市经济带，不但带动了沿线工业用地的开发利用，也加速了商业用地面积的急剧增大。将便捷的交通优势和市场优势，很好地转化为流通优势和经济优势，加速了地区的经济发展进程。

（二）对旅游资源开发与利用的影响分析

高速公路以其快速、安全、舒适、通行能力大等特征对旅游资源的开发、利用影响十分广泛。高速公路的建成使出行时间缩短，都市度假旅游圈的半径也因此得以扩大；高速公路的建成可对推动沿线旅游产品的开发与旅游产业带的形成产生直接的促进作用。

1. 扩大都市度假旅游圈半径

"都市旅游圈"一般是以某个规模较大的中心城市为核心，借助发达的现代化交通网络，在较短时间内（通常为1～3 h）内可到达的区域范围内的旅游资源的整体。高速公路的建设使出行时间极大缩短，过去很多"远郊区"成为"近郊区"，主要景点与城市的距离也随之缩短。在汽车普及率不断提高，大城市逐步进入汽车化社会的时代，高速公路影响区域内各个景点成为区域内居民短期出游的目的地，各地区旅游资源互补，旅游特色多样，可以满足不同居民对于旅游休闲的不同需求。

位于我国西南部地区的成渝高速公路将巴蜀文化旅游线、三国风光旅游线、川南旅游线联在一起，为沿线旅游事业的拓展提供了良好的交通条件。再比如桂林至北海高速公路开通后，桂林至柳州的时间车程大大缩短，后来桂林市相继开发了冠岩景区、龙胜龙脊梯田、阳朔兴坪渔村等多个景区，形成了大桂林旅游圈，推动了当地的旅游业发展。

位于华北东部地区、环渤海经济圈的京沈、京津塘等主要高速公路把北京、天津、秦皇岛等大中城市联系起来，依托北京历史名胜旅游、天津的民俗旅游和河北秦皇岛滨海旅游优势。使京、津、冀（东部）发展旅游业方面的互补性，通过交通条件的改善得到了充分发挥，使天津和北戴河的旅游景区纳入了首都都市度假旅游圈，成为北京市民假日度假休闲游的重要目的地。

上述这些区域以都市旅游资源开发为特色的新经济现象的形成和发展在很大程度上依赖以高速公路为主现代化快速交通体系的支撑和依托。

2. 促进沿线地区旅游资源的开发

高速公路所提供的便捷的运输条件必然加快其沿线地区潜在资源的开发和利用，特别是为沿线的旅游资源的开发和旅游景区的建设创造了有利条件，为旅游客流的输送提供了便捷的交通出行条件，带动了沿线地区旅游业的繁荣。

通过旅游区域合作，可以集中人力、财力，打破地区和部门的限制，在平等、互利的基础上进行旅游资源的开发、经营管理、市场影响，形成区域整体特色，提高区域旅游整体竞争能力，促进区域旅游业的发展。例如，环渤海区域内京津塘、京沈高速公路的建成通车，为京津冀地区旅游一体化的发展提供了良好的交通条件，京津冀地区以旅游业为优势产业和先导产业，带动了集商贸、服务和娱乐于一身的综合性产业区的建设。

3. 加快沿线地区旅游产业的发展

近年来，借助高速公路快速发展所带来的高效通行条件，各旅游区开始立足特色资源，发挥比较优势，培植旅游精品，完善服务体系，构建吃、住、行、游、购、娱相配套的特色旅游产业体系。同时大力培育和完善旅游市场，加大旅游市场开拓力度和促销力度，形成区域性旅游大市场，充分发挥各地丰富的人文景观和众多的名优土特产品优势。重点开发名优土特产、特色保健食品、民间工艺品、书籍影相等旅游商品，实现旅游商品生产经营的特色化、基地化、规模化和系列化。

高速公路开通后，各地旅游人数都在两到三年内出现大规模的增长，这说明高速公路的建成对于各地的旅游资源吸引力有很大的影响。同时，旅游出行人员的层次与结构也有所改变，人均旅游出行消费正在大量增长，这主要是由于高速公路的便捷交通使得自驾车旅游越来越多，大量具有私家车并且生活水平较高的城市居民旅游出行概率越来越高，旅游消费自然也会随之增长。国家高速公路沪渝线湖北段（黄石—黄梅）把黄冈众多的山水自然风光和丰富的人文景观串联起来，将旅游资源优势转化为了经济优势，编织成一条条独具特色的旅游精品线路，促进了旅游业的发展和繁荣。

4. 开拓了自驾车旅游市场

自驾车旅游作为一种旅游新产品，由于其自由及个性化的魅力，逐渐在我国的一些经济发达地方迅速流行。高速公路的建成开通，所形成的通达的快速交通网络，为许多居民自驾车旅游市场的开拓创造了条件。

随着汽车越来越多地走进中国的普通家庭，以各大主要旅游城市为目的地的自驾车旅游将成为"有车一族"的旅游新时尚，高速公路作为自驾车旅游中不可或缺的环节，对于这种个性旅游市场的开拓起着举足轻重的作用。完善的高速公路网的形成必将极大地促进我国的自驾车旅游产业的发展，这种新兴旅游产业的发展也必将给我国的旅游事业带来新的发展契机。

第三节 高速公路的社会影响分析

一、提高人民生活质量

(一) 改变居民生活方式，提高消费水平

我国正在逐步进入信息和知识经济社会时代，经济和社会的发展改变了人们的生活习惯及工作方式，收入水平的提高使人们更加注重衣食住行等方面生活质量的提高。反映在出行需求方面，不仅要求交通运输在数量上，同时更加注重质量上满足程度。随着旅客经济承受能力明显增强，消费观念即随之改变，人们在旅行生活及货物运输中首先选择快捷、方便的交通工具或方式，同时更加注重舒适性、安全性、方便程度及服务水平。生活节奏的加快，时间价值的增强，使旅客和货主对提高旅行速度及货物送达速度的要求愈加强烈，不再满足于普通的客货运服务。可以说，包括旅游、商务活动在内的人员出行活动，以及现代物流业发展需求的迅速增长，是当前及今后刺激和拉动我国消费需求增长，保障国民经济健康发展，经济稳定增长的重要手段之一。

高速公路客运交通在提供高速、高效、舒适的服务方面具有较大的优势。在服务方式上，增设电脑专窗和联网售票，旅客可以就近购票，随到随走。在服务设施上，旅客候车室专辟有高速公路候车区，豪华客车内配有航空式座椅、空调等各项设备。高速优质的服务不仅使高速公路客运极具市场竞争能力和自我发展能力，获得了良好的经济效益，而且提高了客运服务的快捷性和舒适性，带来了巨大的社会效益。

同时，高速公路拉近了城乡间的距离，改善了沿线的居民出行条件，使城乡居民，尤其是乡镇广大居民能更方便地接受政府、医疗卫生、教育、金融等系统提供的服务，从而也改善了沿线地区乡镇的医疗保健条件和教育条件，扩展了居民就业和居住的自由度，有助于解决农村剩余劳动力的就业问题，提高人民的生活质量，进一步消除城乡差距。此外，便捷的交通也使得高速公路出入口附近成为城市住宅开发的热点地区，吸引城市人口向郊区县合理居住分布，通过城乡人口居住的融合，也是缩小城乡差距的一个有效方式。

高速公路的建设极大地提高了居民的生活机动性，居民在社会经济活动中借助机动工具进行货物转移和个人出行的能力得到提升，使交通对人们生活品质的贡献程度越来越高。中国居民的生活机动性处于高速增长的初期，在中国居民的机动性已经达到一定水平的同时，机动工具对生活质量的提升作用仍有很大的挖掘空间。随着我国民用汽车拥有量

的增加和汽车化社会的到来，高速公路更能方便居民自驾车出行，为改善居民出行条件，提高生活质量创造有利条件。

高速公路建设步伐加快促使区域流通体系不断优化，直接促进了区域城乡贸易、集市贸易的发展和商品经济的繁荣，使沿线城市的各类商品交易市场逐步增多。同时，高速公路带动了沿线各项产业的兴起，不仅使沿线居民的收入和消费水平大幅提高，而且促使居民消费结构也发生了根本性变化，即从以基本生活型即物质消费为主转变为以现代生活型即非物质消费为主，对高质量的服务需求也不断增加。

（二）协调地区间发展

高速公路的大规模建设通过促进沿线社会经济发展的波及效应，推动了欠发达地区经济的开发，协调了地区间发展，产生了扶贫的效益。

我国地区、城乡间社会经济的发展还很不平衡，较为落后地区的发展除受观念、资源、资金、技术、人才和自然条件、自身基础等方面的限制外，交通运输落后也是重要的制约因素。以高速公路为代表的高等级公路能够有效地缩短区域间的时空距离，扩大区域间的社会经济交流，为发达地区向较为落后地区辐射创造条件，有利于区域间的协调发展，特别有利于我国中西部地区的快速发展。落后地区的高速公路建设也有利于农村经济特别是边远地区农业经济改变传统封闭、落后的面貌，向商品化、现代化的方向发展，也会极大地提高农村社会文明化程度。同时，我国广大国土上的经济空间和自然资源的利用还很不充分，要逐步减缓经济空间结构的不平衡，其途径是加强区域性基础设施建设，提高欠发达地区的可达性，通过包括高速公路在内的运输网的建设与完善，减少运输短缺给经济带来的不利影响，促进资源的合理配置。

（三）增加劳动就业机会

高速公路建设与运营所增加的就业机会包括直接就业机会和间接就业机会。直接就业机会是指高速公路建设期间从事施工建设的就业人数与营运期间养护管理就业人数等；间接就业机会是指高速公路建设改善了区域的投资环境，改变了地区的投资需求，带动了建筑、建材、机械制造业、汽车工业的发展，使各种服务业随之兴起，为地区居民提供的就业机会。如高速公路建设期间，供应高速公路建筑材料、土石材料、沥青材料等行业将吸引大量的订单，从而要求这些行业增加劳动力进行生产材料、处理订单并运送至施工现场。高速公路运营期间，由于交通便利条件带动当地经济发展，相关服务业和商业的发展会增加劳动力的就业机会，而相应地，从事这些行业与经济部门的人员随后又将工资收入花费和投资在其他的行业和经济部门，使这些行业与经济部门诱发新的岗位需求。

除此之外，高速公路的建设密切了城乡联系，推动了交通、商贸、旅游和服务等事业的发展。促进了建筑业、制造业等有关行业的发展，同时吸纳了沿线及相关地区的大量劳动力，并推动其逐渐由农村向城镇、由农业向非农业、由第一产业向第二、三产业转移。而且在此过程中还解决了大量农村劳动力的就业问题。另外，高速公路建设使沿线地区对人才的吸引力也大大增加。

二、促进沿线城镇化发展

近年来，全国各省、自治区、直辖市，在提高城镇综合承载能力，引导富余劳动力向非农产业和城镇有序转移，促进城镇化健康发展，加快城镇化进程方面，取得了较大进展。高速公路网是实现城镇体系规划布局设想的基本条件。

高速公路及其所形成的运输方式的技术经济特性决定了它对沿线交通节点的开发力度、开放程度和提升的强度更大。随着高速公路网规划的实施，高速公路网的覆盖性和通达性将大幅提高，特大或大城市凭借高速公路等发达的交通基础设施联系中小城市并在社会经济活动中发挥更强烈的辐射作用和集聚效应。并且，依托便利的交通运输网络，各市县将较好地把区位优势和资源优势转化为经济优势，为城镇体系的进一步发展创造有利的条件。另外，高速公路的发展使得人口和产业向城市集聚，将扩大原有城市的规模并带动新的城镇群体或大都市连绵区的出现，调整区域城镇体系的布局，加速沿线的城镇化进程，促进城乡发展和城镇化水平的进一步提高，从而加速整个地区的城镇化进程，大大提高城镇化率。

（一）公路交通与城镇发展的关系分析

城镇的发展与公路交通的发展是相互依存的辩证关系，两者之间既相互促进，又相互制约。城镇因公路交通的发展，带动了城镇的商业贸易等物资交流与人员往来，发展了商业、金融业、贸易业、通信业、餐饮服务业等第三产业，活跃了市场经济，并逐步形成相对独立的并具有一定规模的经济系统，这个经济系统的运行必然产生一定数量的客货运输需求，从而也促进了交通运输业的发展。具有快速、机动灵活特点的公路交通的发展，特别是高速公路增强了人和货物的流动和周转，扩大了城镇在区域空间上的作用范围和影响程度，从而促进了城镇经济的发展，并为新城镇的产生、发展创造了条件。

在我国许多城镇建设中由于受传统的思路制约，缺少科学完善的交通规划和总体规划，城镇沿着国道或省道以自然生态发展，形成穿心式布局，造成公路街道化，影响了公路网的畅通。

高速公路是全封闭、全立交的道路，在城镇体系规划中，应充分利用高速公路及其进出口匝道布局对城镇发展的影响作用，有目的地引导城镇的发展。以湖北省为例，湖北省城镇体系发展规划，"一圈二区三轴"城镇体系骨架的形成和发展都要求与之相适应的高速公路网络作支撑。城市规模的扩大、城市化进程的加快、城镇人口的增长，都将直接导致对高速公路网络规模和布局形态的新的要求。

（二）促进了卫星城和其他小城镇的发展，推动城乡一体化建设

高速公路在沿线地区都设置了出入口和联络线，通过提供便利、快捷、安全、舒适的道路交通服务设施，方便了沿线地区城镇间的交通出行。便利的交通条件加上郊区生活居住环境等其他有利条件，位于高速公路沿线郊区居民住宅区吸引了更多的城市人口。另外，城市相对集中、过于密集的工业企业因市中心地价过高等也有向郊区转移的趋势，带动了卫星城的形成与发展。

同时，随着高速公路的快速发展和区域经济实力的逐渐增强，城市不断扩张和向外延伸，城乡之间的联系愈来愈紧密。乡村工业具有与城市工业实行专业协作的行业结构和以城市为导向的产品结构，在农村，各种轻纺、食品加工、建材、建筑等产业都是以服务城市为目的的，而且这种为城市服务行为发展快的地区，小城镇形成很快。同时，委托加工、专业化协作、城乡联营以及集团经营等各种经营形式也加速了小城镇的形成和发展。这种紧密的城乡合作关系必须依托高速公路的支持，高速公路的发展，使得城乡经济联系越来越紧密，差别越来越小，极大地促进了中小城镇的发展和崛起。

中小城镇是城镇体系的中坚力量，在各区域中心城市与广大农村腹地之间具有重要的纽带和中继站作用，其发展和崛起不仅有利于带动农村地域性经济的发展，实现农村发展的梯度推进，而且有利于推进城乡协调与融合，推动小城镇的发展，加快城乡一体化进程。

（三）推动人口城镇化及促进人口合理布局

近代社会的城镇化具有多方面的特征，但其本质是乡村人口向城镇人口转移，农业人口向非农业人口转移，一般仍多采用城镇人口占总人口比重来衡量城镇化水平。

高速公路的建设，加速了城镇化进程，特别是显著改善了城乡接合部交通条件，提升了其区位优势，使沿线地区城镇人口"极化"速度大大加快。沿线的一些重要城镇其中心城市功能和职业特色不断加强，强化了这些城市以经济开发为基础对人口的吸引能力，促使了高速公路沿线城市化水平的提高。进一步推动了区域城镇化的进程，使区域人口布局和城镇体系发生了重大变化。

另外，高速公路的建设与发展也促进了城市人口的合理布局，其主要表现在两方面：

首先，由于中心城市的卫星城镇和沿线其他小城镇的建设发展，吸纳了很大一部分从农村转入城市的人口，利于城乡间人口的合理流动，既促进了小城镇的发展，也减缓了中心大城市人口的膨胀速度，减轻了中心大城市的压力；其次，完善的城镇交通体系，加上快速高效的高速公路网络，有利于吸引市区的人口迁移到高速公路沿线新建的小区居住，使沿线的人们可以到离家较远的地方去工作，从而满足人们白天在城市里上班，晚上居住郊区和周边卫星城的要求，从而利于城镇人口的合理分布。

（四）优化和加速了城镇体系建设

城镇群是在特定的地域范围内具有相当数量的不同性质、类型和等级规模的城镇，以一个或两个特大或大城市作为地区经济的核心，借助于现代化的交通工具和综合运输网络以及高度发达的信息网络，共同构成的一个相对完整的城镇"集合体"。而以高速公路、铁路等形成的发达的交通运输网络是城镇群之间空间运输联系得以实现的物质基础，是城镇群发生与发展的支撑条件。由于我国东中西部各地区地理条件、经济基础、城镇规模、文化发展等不同，在区域高速公路建设带动下形成的城市群类型也有所不同，主要有以下四种：

1. 金字塔型

这种类型最常见，尤其在我国中西部地区比较明显，即以一个大城市或特大城市为核心，周围有几个中等城市围绕，由此再联系若干小城市和更多的城镇，形成金字塔型结构，塔顶便是体系的核心城市。

2. 多核型

即具有多个核心城市，共同发挥对中小城市的带动作用，形成多核结构。典型的如京津唐地区，便以京津塘、京沈、京哈高速公路为轴，以北京、天津为双核心，包括保定、唐山、廊坊和秦皇岛等城市，依托京津两市的科技、文化、交通优势，带动周围地区发展，建设成国际性城市区域。在珠江三角洲地区则形成以广州和深圳为中心，以广深、京珠、同江—三亚（广东段）等高速公路为发展轴的城镇群。类似的还有以济南、青岛为中心的山东半岛城镇群，以福州、厦门为中心的闽东南沿海城镇群。

3. 网络型

在一个城市发育早、城市数目多的地区，如果城市之间不存在规模上的较大差距，则其结构是网络状的，即核心不突出、彼此作用力相当。

4. 带状型

在江河流域，如长江流域，形成城市在空间上一字排列、首尾衔接的带状结构。经济发达的沪宁地区就属此类，在沿江坐落着南京、常州、无锡、苏州、上海、杭州、绍兴、宁波等众多特大和大中城市，其中高速公路密集，与水运构成该城市群主要的交通方式。

金字塔型城镇群的形成大多数都充分利用了高速公路对沿线城镇发展的带动作用，做到"交通先行"，加大干线公路设施的建设力度，拉动经济的发展，从而形成了有凝聚力和吸引力的中心城镇。多核型、网络型、带状型的城市群多处于经济发展或基础设施比较发达的东部和沿海地区。这些城镇群空间上与公路干线的走向基本一致，城镇密集，网络化经济格局已经形成，物质运输和人员交流十分频繁。随着市场经济的发展，与其他经济区或经济协作区联系的方便程度和时间距离，成为制约经济发展和城镇化发展的重要因素。而高速公路满足了交通运输高速化的需求，适应了城镇群之间对运输效率的高要求。

第四节　高速公路发展的环境影响分析

一、能源消耗及节能研究

交通运输是国民经济发展的重要支柱和基础产业，也是重要的一次性能源特别是汽油、柴油和煤油的消耗部门。随着经济的发展对交通需求的提高，交通运输不仅使得能源消耗日益增加，加剧其发展和能源供应有限之间的矛盾，而且会使环境的污染不断加剧。能源问题已经成为高速公路可持续发展中的关键环节。

公路运输业从事客货运输任务的车辆对能源的消耗是很大的。一般来说，公路运输业的能源消耗主要包括建设期内和营运期内能源消耗两方面，其中建设期内能源消耗是一次性投入，但比例相对较小，节能潜力也不大。

公路营运期能源消耗是一种长期的连续投入，主要体现在运输过程中各种公路运输工具的燃耗。其影响因素很多，主要包括两类：一是车辆自身技术性能或者燃油经济性，这由车辆本身的构造和制造工艺决定；二是车辆行驶状态，主要取决于车辆运行的具体环境。一般分析车辆运行的燃油消耗量时主要考虑与之密切相关的公路交通条件。

在高速公路的可持续发展过程中，可以通过采取一些措施，如依靠技术进步提高资源利用效率，调整和优化能源消费结构：一是通过开发节能产品和推广应用节能技术降低能耗，降低公路运输业对石油资源的依赖程度等；二是燃料的处理和替代性资源、能源的开发降低现有资源、能源的压力。

二、土壤侵蚀及水土流失

高速公路建设项目中的土壤侵蚀及水土流失主要指由自然因素引起的和由公路建设过

程中人为因素破坏植被引起的。其中破坏植被引起的土壤侵蚀、水土流失更为严重。在高速公路所经过的地区，将不可避免地占用或分割土地，使沿线耕地减少，植被覆盖率降低。另外，施工过程中，大量的挖、填方引起岩土体移动、变形和破坏，增加了地质脆弱带边坡的不稳定性，同时造成原有植被和表土损失，破坏土体的自然平衡，使土壤受到不同程度的侵蚀，进而引起斜坡失稳、水土流失。在施工期取土、弃土场及暴露的工作面，土壤侵蚀比较严重，是水土流失的主要发生源，山区坡面弃土可带来长时间的水土流失，给自然环境造成一定的影响。

我国在高速公路设计阶段，已经预先考虑了水土流失的防治问题，并在施工过程中根据不同的路堤特点，采取不同的边坡防护措施，有效地防止了水土流失。同时，针对弃土场、取土场可能造成的水土流失，各高速公路项目在施工结束后及时清理、整治，因地制宜的恢复植被，并在可能的情况下造田还耕。因此，高速公路建设中破坏植被所引起的水土流失，主要发生在施工期和营运初期。由于工程防护措施和恢复植被措施的实施，水土流失到营运中后期将基本稳定。

三、对野生动植物的影响

高速公路是连接城市与城市的通道，是人类互相连接的廊道。对野生动物尤其是哺乳动物（蝙蝠除外）、爬行动物、两栖动物和不会飞的无脊椎动物等来说，却是一道巨大的屏障，起着分离与阻隔的作用，对一定区域内地面野生动物的迁徙产生较大的影响。公路尤其是全封闭运行的高速公路穿越野生生物栖息地，将自然生境切割成彼此分离的块状，使生境"岛屿化"，改变了当地野生生物的栖息环境，光照、风速、温度、湿度等生态因子的变化。车来车往带来的振动和噪声、大气污染、水土污染，都会影响当地动植物种群的生存、繁衍和迁徙。如野兔及一些鸟类至少远离公路 500 m；蝴蝶和两栖动物难以越过宽阔的高速公路。夜间车辆灯光，使许多喜光的昆虫在路侧的种群和数量明显增多，从而影响生态平衡，这些影响不利于动物种群的繁育和发展。高速公路的屏障作用，影响到生态系统的稳定和健康，使生活在自然生境中本应在更大的范围内求偶、觅食和躲避各种侵害的动物，变得脆弱甚至因之而濒危、灭绝。

由于野生动植物包括范围较广，根据我国目前的情况，重点考虑国家保护的动植物及其生存环境方面。对于珍稀濒危动物和植物群落，国家均颁布相应的法规，在现状和预测评价中，按照相应的法规进行评价或评述。当高速公路穿越一些动物栖息区域或动物迁徙路径时，设计者设计了上跨或下穿式安全的"动物通道"，并设置预告、禁止鸣笛等标志保护了区域内野生动物的自然栖息环境。

如已建成通车的楚天第一生态路国家高速公路福银线湖北段（孝感—襄阳）两旁草木

葱茏，路旁边坡、中央隔离带几乎没有裸露的地表，也没有常见的水泥预制物灌砌，而是全部种上了当地原生或适合当地生长的草类和灌木。建成通车的湖北省首条自然生态环保景观路中部地区崛起高速公路随岳线中段，本着"尊重自然、保护环境"的理念，最大限度地恢复了原有生态形式，如边坡和隔离栅可视范围内除搭配栽种落叶、常绿乔木和花草外，道路边坡 3 m 以下全部播种草皮和各种观花、观叶灌木，避免用人工石片堆砌成光秃秃的石头护坡。另外，沿线共设置了跨线天桥、下穿式通道、涵洞，相当于每 200 m 设了一个通道。规划建设的国家高速公路杭瑞线湖北段（阳新—通城）在自然植被保存较好，珍稀濒危野生动物活动相对较多的区段设计了较多的隧道和桥涵，对两侧的野生动物交流影响较小，而且在现有河流和溪谷上也都设计有桥涵，不会对动物的饮水产生影响。

四、环境空气质量的影响

高速公路建设期间的大气污染物主要是扬尘，主要由运输车辆在装载时车厢封闭不严和施工材料的运输、装卸、拌和等活动产生，并在以道路中心线两侧 50～60 m 为半径的范围内形成污染带。此外，公路施工中沥青的熬制、搅拌、喷洒、胶结过程中会释放出沥青烟和苯并芘等有毒有害物质，对施工人员和周围居民的身体健康造成影响。

高速公路运营期产生的大气污染物按其形态可分为固体物、液体及气体。其中，汽车废气是一种排放部位低、不易扩散的流动源，也是影响面最宽、危害最大的大气污染源。而且，随着机动车保有量的增加，加上石油冶炼技术、发动机制造技术有待提高等，上述各项污染物的排放量呈上升趋势。

这些污染物在高速公路两侧形成的污染强度主要受源强（车流量、车速、车型）、气象（风速、风向及大气稳定度）和地形条件等多因素影响，并在公路两侧 200～300 m 范围内对空气质量造成影响。并且由于机动车的长期运行，在高速公路沿线地区上空往往形成浓度较高且持续时间较长的大气污染带。这一污染区域对沿线居民健康形成一定危害，同时亦将对动、植物和水、土地质量造成严重影响。此外，粉尘污染也会给项目沿线居民健康和农作物生长带来不同程度的影响。

五、水环境质量的影响

高速公路因为其线形要求高，同时对纵坡也有一定的限制，所以或多或少要影响到水资源。主要有以下三方面：

（一）地表水的改变

在河流或者湿地地区，由于高速公路的修建，需要原有的水道进行修改。改道后的水流将有所改变，会在多条水道汇集的地方产生很大流量，增加了水的流速，进而会出现洪水或者水土流失加剧，以及渠道的改变和下流淤泥的增加。

（二）地下水的改变

高速公路的排水和挖掘会使得周围区域的水位降低，同样，填堆等会因限制地下水流而使水位升高。地下水改变会造成一系列的潜在影响，如植被恶化、增加侵蚀、供农业及饮用的水资源减少以及鱼类和野生动植物生活生长环境的改变。

（三）水质量的下降

一方面，高速公路在建设过程中，由于施工管理的问题，将公路施工中的弃土、弃渣等固体废弃物直接排入水体，都会影响地表水质量，甚至有时还会影响地下水质量；另一方面，高速公路运营期，由于磨损，车辆漏油或运输货物中抛撒的微粒物质，车辆尾气中的有害颗粒物质，都会积聚在道路表面，当其与降水混合在一起形成径流后，会对沿线的水源、土壤形成污染。如国家高速公路沪渝线湖北段（黄石—黄梅）除了出现上述污染情况之外，还有另一重要污染源，即随着长途行驶的过境车辆因对突然的气候变化不敏感，在雨、雪等恶劣天气下急于赶路造成事故的增多，事故形成的油污、货物抛撒成为重要的污染源。在国内，大多的公路边沟都是和沿线的农业排灌系统合在一起，因而会给农作物带来一定污染，而且高速公路收费站，服务区的生活污水、含油污水等生产废水对水体也会产生污染。

六、降低高速公路建设运营环境影响的措施与建议

（一）降低或消除投资建设过程中的不利影响

随着高速公路的快速发展不可避免地会对自然环境、生态环境和社会环境造成一定程度的破坏和污染，如占用土地资源、影响生态、改变景观、水土流失、污染环境等。目前国家和人民对环境、土地和能源越来越重视，高速公路建设应本着"保护优先、预防为主、防治结合、注重实效"的原则，在规划时以最大限度的保护为基础。在建设期以最小限度的破坏为宗旨，在运营期以最大限度的恢复为目的。在水土流失，空气、水、噪声污染以及居民出行阻隔、人文景观与文物保护等方面，力争将高速公路建设运营的环境影响程度降到最低。

（二）开展资源的综合利用和循环利用，推广循环经济

高速公路建设投资大，周期长，资源消耗多，在建设过程中，应鼓励采用循环式生

产，坚持科技创新，依靠技术进步提高资源利用效率，调整和优化能源消耗结构。大力推广符合循环经济理念的新材料、新技术、新工艺，如粉煤灰、矿渣等工业废料的再生利用等。在保护环境的同时达到降低建设成本的目的，实现高速公路建设的经济合理和环境友好。

（三）制定切合实际的高速公路用地管理对策

目前在高速公路建设规模之大，建设速度之快，土地利用形势之严峻等情况下，高速公路滥占用土地现象依然存在。要推进基础设施用地供给市场化配置，扩大国有土地有偿使用范围，逐步推进经营性基础设施用地有偿使用政策的实施，制定交通基础设施用地市场化改革对策。国家发改委牵头组织国家铁路局、交通运输部等单位在全国范围内开展交通建设项目用地现状及需求调查工作。各地应正确处理高速公路建设与经济发展、资源利用的关系，制定加强高速公路用地规划管理的相关对策，规范土地市场，严格界定公益性用地和经营性用地，在保障高速公路建设用地需求的同时，逐步推进经营性收费高速公路用地的有偿使用。通过运用价格机制抑制多占、滥占和浪费土地，更好地促进节约集约用地，落实"十分珍惜、合理利用土地和切实保护耕地"的基本国策，从严从紧控制农用地转为建设用地的总量和速度，保护相对更加重要的耕地资源。同时，应完善责任制及相关的激励机制，结合高速公路建设实践，通过深入研究，制定出高速公路建设节约用地的规范标准、工作制度，明确各相关部门、单位及工作人员在节约用地工作中的职责。

（四）在高速公路规划、建设过程，贯彻土地集约利用技术办法

在高速公路规划、设计阶段，采取卓有成效的优化设计方法，将减少工程占地作为重要的方案比选因素，合理的规划设计方案能够减少土地资源浪费，优化纵、横断面设计，把线路设计与土地保护措施融为一体。同时选线时尽量选用荒地、废地，尽量避免占用自然植被用地，争取不占高质量农田。同时，应严格执行公路占地审批制度，特别要避免发生公路建设"征而不建、建而不竣"所造成的土地资源浪费现象。

在项目建设过程中，应合理估算区域土地环境的承载能力，认真做好移民再安置工作，确保土地生态环境健康发展。加强土地防护措施，保护土地资源，避免水土流失。

（五）加强高速公路运营阶段的环境影响监测与评估

根据国家和地方相关管理规定，高速公路在规划时需要进行环境影响评估，竣工验收阶段要进行环境保护验收。高速公路的运营期长达几十年，其间沿线区域生态、自然环境会发生一些变化，随着高速公路交通量的增长，对沿线城镇和乡村的噪声、大气污染也会

加剧。因此，应考虑建立高速公路运营期的环境影响监测与评估机制和办法，关注高速公路运营期的环境影响变化，尤其是对环境敏感点应开展定期的影响评估。建立高速公路环境影响预警机制，使管理部门能够及时掌握高速公路运营期的环境情况，并将高速公路运营期对环境的不利影响降到最低。

第五节　社会经济发展对高速公路建设运营的影响分析

区域社会经济发展是高速公路建设需求的源泉。国家或区域经济的持续快速发展，一方面能够为高速公路项目建设提供财力支持和经济保障；另一方面也必然引发旺盛的客货运输需求，使高速公路保持一定规模的交通流量。在微观上，使项目获得良好的财务效益和可持续发展能力；在宏观上，促进沿线地区经济发展，社会进步，产生更大的社会经济效益。同时，社会发展水平提高及科学合理的发展规划和良好的政策是高速公路建设运营的外部环境。社会文明程度的提高将使人们的交通观念及价值观发生转变，提升对公路交通事业的认知程度。交通科技水平以及管理水平和人员素质的提高，先进的交通管理方式与手段的应用也将促进高速公路的建设与发展。

社会经济发展对于高速公路建设与运营的正向促进作用是至关重要的，这是高速公路建设发展所必须具备的外部环境。与此同时，社会经济对高速公路发展的制约性也是客观存在的，主要反映在资源（包括资金、土地、人才资源）、环境的约束性，经济基础（收入与消费水平）的制约性等。这种促进与制约作用并存的状况，决定了研究区域高速公路与社会经济发展的相互关系具有较高的理论价值和现实指导意义。

一、经济发展是高速公路建设和发展的前提

（一）区域经济实力是高速公路产生和发展的必要前提和基础

高速公路是社会经济发展到一定程度的产物，其路网建设规模、发展速度与经济结构、发达程度密切相关。具体表现在经济实力雄厚和综合发展水平高的国家和地区，能够为高速公路项目建设提供强有力的财力支持和经济保障。同时区域及地区之间的经济、商贸、文化活动频繁，人流、物流移动加快，能够引发旺盛的运输需求，促进高速公路的发展。

（二）经济发展对高速公路建设提出了更高要求

工业化进程的加快，产业结构的优化升级，将促使货物运输规模和结构发生较大变

化，要求公路交通运输必须向高效和优质服务的方向发展。

首先，在货运方面，工业化使货物需求结构趋向高附加值和多样化，生产过程和组织的逐步社会化和规模化以及分工的专业化，对发展高速公路提出迫切要求。一方面，生产过程的中间需求大幅增加，最终产品的加工深度不断加深，需求品种和式样的多样化，以及附加值的提高，导致高价值、多品种、多类型货物迅速大幅增加，对运输可靠性和灵活性的要求空前强烈；另一方面，地区内和全国各地间经济联系的密切，经济一体化的加强，扩大了货物运输的空间范围和规模，增加了对联结地区和全国的快速、大容量、高适应性的干线运输及其基础设施的强烈需求。为满足产业升级和市场竞争需要，基础设施要向规模化、信息化、可持续的现代化方向发展。作为综合运输体系的重要组成部分，高速公路主要承担的是各经济区域（间）、城市间的快速客货运输任务，对区域高新技术产业、物流业等的发展有巨大的推动作用。正是在工业化的推动下，高速公路才得到迅速普及和发展。

其次，在客运方面，客运需求的安全、高效、快捷、舒适及个性化、多样化的变化趋势，对高速公路的发展提出了不断增长的需求。随着经济的发展，以及人们收入水平的提高，不仅需求总量迅速扩大，而且需求结构也发生重大变化。交通消费成为仅次于住房消费的第二大消费项目，导致适应这种交通消费方式的个性化交通工具——私人小客车迅速普及。随着全省经济的持续高速发展，人民生活水平进一步提高，未来的客运需求增长空间巨大，必将推动高速公路的进一步发展。

最后，在运输工具方面，汽车的大规模生产和销售推动了高速公路等大容量快速交通设施的建设发展。随着改革开放步伐的加快，我国汽车工业的快速发展，人民生活水平持续提高，汽车产量和销量大幅增加，小客车迅速并大规模进入我国城市居民家庭，成了人们的代步工具。这刺激了居民平均出行率迅速增长，除上下班通勤外，包括城市购物、市郊休闲度假以及城际旅行等自驾车出行率也显著增长。并且极大地提高了人们的机动性，增加了出行便捷性和出行距离，节约了出行时间，扩大了出行距离和范围，使人们对大容量、快速度的高速公路的需求更加旺盛，同时对高速公路安全性、服务质量、配套设施完善性等都提出了新的要求。因此，有必要也能够通过合理的规划和相应的政策引导措施，实现高速公路建设和汽车工业互动式发展的良性循环态势。

（三）区域经济发展与资源布局是高速公路发展的内在因素

1. 国家经济布局与发展战略是高速公路发展的引导因素

区域经济布局与发展规划、自然资源分布状况等也是高速公路规划、设计的重要影响因素。高速公路要跟上国民经济发展的步伐，需要依据国家不同时期的政策导向，综合考虑不同区域的地理区位条件，经济发展水平和发展阶段，有差异地确定不同区域高速公路建设发展规模和水平，实行差异化发展。改革开放以后，我国在经济体制改革和对外开放中，先后实施了区域经济非均衡发展战略和均衡协调发展战略。重点优先发展东部，再使生产力及区域经济布局逐步由东向西做梯度推移，实施了西部大开发和振兴东北老工业基地的战略。从我国的高速公路发展历程可清晰地看出国家经济发展战略调整的过程。

同时，高速公路的建设必须重视其在带动区域资源开发方面的作用，并与社会经济及产业的发展有序衔接，与区域整体规划和社会经济发展计划相适应。随着小城镇和卫星城建设的兴起，高速公路作为快速高效的运输方式，是中心城区与小城镇及卫星城经济联系和人员流动的重要通道，区域经济布局的调整，高新技术开发区与产业园区的建设以及城镇化战略的实施等都将进一步推动高速公路的建设。在此基础上，高速公路产业带等发展模式就是高速公路与社会经济要素有机结合的结果。

2. 区域资源分布影响高速公路网的布局

资源分布对高速公路建设的影响主要体现在两方面：一是作为国家和省市高速公路网规划的一个重要考虑因素，影响高速公路网的走向和布局；二是资源开发能带来客货运需求，促进能满足快速、舒适、安全等多元化需求的高速公路的建设。

二、社会进步为高速公路建设运营提供良好的外部环境

区域社会发展水平的提高能够为高速公路建设提供良好的外部环境。区域社会文明程度的提高将使人们的交通观念及价值观发生转变，提升对公路交通事业的认知程度。交通科技水平以及管理水平和人员素质的提高，先进的交通管理方式与手段的应用也将促进高速公路的建设与发展。同时，科学合理的发展规划和良好的政策环境对高速公路的建设发展也具有非常重要的意义。

（一）良好的政策环境

近年来，国家及地方政府通过各项有利于高速公路建设的政策导向，加强高速公路建设发展的宏观管理和行业指导，并逐步完善相关法律法规，有力地促进了高速公路规划建设目标的顺利实现。

（二）区域城镇化进程加快与人民生活水平提高促进了高速公路的发展

工业化、城镇化、市场化和国际化进程进一步加快，城乡之间、地区之间的人员往来

和商品交换快速增加，将会对交通运输服务产生更高的要求。城市化水平越高，人均出行需求越大。随着城市化进程的加快，城市群和城镇带更加密集，人口聚集带动产业集聚，城市功能增强，城镇消费群体扩大，引起大量人员、物资的交流，公路客货运输量的显著增长，必须加快城际高速公路等快速交通网络建设。未来作为城镇间重要运输方式的高速公路客运压力将急剧增加，必须提前合理规划，才能适应未来城市化发展。

人们生活水平进一步提高，消费结构显著变化，不仅会产生大量的公路客运需求，并呈现多样性、个性化趋势，方便、快捷、舒适、安全、自主等价值取向明显增强。就消费结构而言，人们开始由"吃、穿、用"向"住、行、休闲"升级，小汽车等高档耐用消费品逐步进入大众消费，旅游已成为人们休闲的主要方式之一，人们对出行的需求日益加大。未来人民生活水平的提高和家庭轿车的激增将促使人均出行次数的增加，要求有现代化的公路交通运输网络和运输服务体系与之相适应。因此，随着社会经济的发展、人民生活水平的提高，高速公路交通需求增长潜力巨大。同时，人们的交通需求不仅表现在数量的快速增长，也表现在对高品质运输服务的要求更加强烈，多元化乃至个性化的价值取向增强，对交通的服务形式、内容与质量都将提出越来越高的要求。交通的发展必须体现"以人为本"，更多地考虑方便社会公众，保障公众安全，更好地满足人民群众日益增长的交通运输需求。

（三）区域科技发展和人才培养对高速公路建设与运营管理的促进作用

1. 科技发展为高速公路工程建设不断提供先进技术和手段

科技的进步和发展，提高了高速公路设计、施工质量以及高速公路运营管理水平。通过科技创新，突破技术瓶颈，支撑高速公路交通基础设施建设，充分发挥已有设施效能，能够提高高速公路系统的供给能力，降低运输成本，提高运输效率，保障出行安全，改善运输服务，提高管理水平与服务质量，缓解资源制约状况，为建立节约型交通行业、提高高速公路可持续发展能力构筑坚实的基础。很多省市在高速公路建设中十分重视将科技进步与工程建设紧密结合起来。应用 CAD、GPS 等高新技术手段，提高勘察设计质量；采用新工艺技术，提高项目建设的速度和质量；实施电子政务建设，利用数字化交通管理技术，即信息技术、管理技术和计算机技术等在高速公路监控、收费系统的集成应用，有力地支持高速公路的运营管理。

2. 科技人才资源的培养为高速公路事业的快速发展提供了有力支撑

各种高新技术在交通事业中得到广泛应用，一批具有国际先进水平的工程项目和科研项目陆续完成，体现了交通人才的高超技术水平。交通系统以开放理念，打造科技创新工程和人才工程，积极与国内外科研院所开展广泛的交通科技交流与合作，为公路交通事业的可持续发展提供了重要的技术保障。高素质人才的培养将对高速公路的建设和运营管理起到智力支持作用，促进高速公路事业可持续发展。

第 五 章

运输的需求分析

第一节 运输需求的概述

一、运输需求概念

(一) 运输需求产生的原因

现代社会的人们为什么"需要"交通运输归结为以下七个原因:

1. 自然资源分布的非均衡性, 这意味着任何一地都不可能提供当地居民所需要的全部物品, 因此需要运输来使不同地区之间互通有无。

2. 现代社会的高度物质文明依赖专业化分工, 而大工业既需要从各地获得多样化的原材料, 也需要为自己的产品去开拓远方市场。

3. 优良的运输系统有助于实现由技术革新、自动化、大批量生产与销售以及研究与开发活动支持的规模经济。

4. 运输还一直承担着重要的政治与军事角色: 对内而言, 一个国家需要良好的运输系统以支持有效的国防并增强政治上的凝聚力; 对外而言, 强大的运输能力是一个国家强盛的重要标志, 也是那些大国实现海外野心和统治殖民地的手段之一。

5. 良好的交通是增加社会交流与理解的基础, 并有助于解决由于地域不同而产生的问题; 对于很多不发达国家, 提供基本的交通条件目前还是解除一些地区封闭状态的首要途径。

6. 交通条件的改善使得人们在自己的居住地点、工作地点以及日常购物、休闲地点之间可以做出很多选择和安排, 这在很大程度上影响了人们的生活方式。

7. 现代交通有助于国际文化交流, 以便人们了解其他国家的文化特点, 并通过国际展览、艺术表演、体育比赛等方式向国外展示本国文化。

(二) 运输需求的概念

需要说明的是，需求与需要是两个不同概念。从经济上讲，有支付能力的需要，方构成对商品或服务的需求。引申到运输领域，运输需求，是在一定的时期内，一定的价格水平下，社会经济生活在货物与旅客空间位移方面所提出的具有支付能力的需要。同需求一样，具有实现位移的愿望和具备支付能力是运输需求的两个必要条件。不过，交通运输具有社会服务的性质，因此也有观点认为它应该满足的是社会"需要"，而不仅是市场"需求"，而只依靠以简单盈利为目标的市场力量就不足以实现那种对交通运输更加宽泛的社会标准和要求。

运输需求分析研究的是运输需求曲线所在的位置、曲线斜率以及曲线在何种因素影响下左移或右移的程度。但运输市场是十分复杂的，因此运输需求分析的难度也很大。从运输市场是"一组运输服务"的概念来看，根据分析问题的需要，现实中可以存在着无数多各种各样从很小到非常大的运输服务的组合，因此运输市场的种类几乎是没有穷尽的，而每一组这样的运输服务都对应着一条自己的需求曲线。

二、运输需求的特点

与其他商品的需求相比，运输需求主要具有以下特点：

(一) 派生性

运输需求总体上是一种派生性需求而非本源性需求，这是运输需求的一个重要特点。所谓派生性需求是指一种商品或服务的需求是由另一种或几种商品或服务需求派生而来，是由社会经济中的其他活动所引发出来的一种需求。人们希望旅行，一般是为了在最后的目的地能得到某些利益。因此，旅程本身要尽可能短或快捷。自然，也有"爱驾车兜风者"，但他们总是少数。同样，货物运输的使用者把运输看成他们总生产函数中的成本，因此，会尽量设法使之减少。显然，货主或旅客提出位移要求的最终目的往往不是位移本身，而是为了实现其生产、生活中的其他需求，完成空间位移只是中间的一个必不可少的环节。

(二) 广泛性

运输需求产生于人类生活和社会生产的各个角落，运输业作为一个独立的产业部门，任何社会活动都不可能脱离它而独立存在，因此与其他商品和服务的需求相比，运输需求具有广泛性，是一种带有普遍性的需求。

（三）多样性

货物运输服务提供者面对的是种类繁多的货物。承运的货物在重量、体积、形状、性质、包装上各有不同，因而对运输条件的要求也不同。在运输过程中，必须相应采取不同的技术措施。对旅客运输需求来说，对服务质量方面的要求也是多样的。这是由于旅客的旅行目的、收入水平、自身身份等不同，对运输服务质量（安全、速度、方便、舒适等）的要求必然呈多样性。

（四）空间特定性

运输需求是对位移的要求，而且这种位移是运输消费者指定的两点之间带有方向性的位移，也就是说运输需求具有空间特定性。例如，农产品产地在 A 地，而市场在城市 B，这就决定了农产品的运输需求必然是从 A 地到城市 B，带有确定的空间要求。

对于货运来说，运输需求在方向上的不平衡性更为明显，特别是一些受区域分布影响的大宗货物如煤炭、石油、矿石等，都有明显的高峰方向，这是造成货物运输量在方向上不平衡的主要原因。需要注意的是，在这种会随着时间变化的运输需求面前，运输供给常常难以及时做出反应，而在短期内表现得完全无弹性，但它又需要尽可能地去满足需求。所以，在运输需求量急剧增加之时（如春运），只好以大幅度地降低运输质量去适应需求，求得均衡。而在运输需求量大幅减少之时，又只得靠闲置设备去求得均衡。

（五）时间特定性

客货运输需求在发生的时间上有一定的规律性。例如，周末和重要节日前后的客运需求明显高于其他时间，市内交通的高峰期是上下班时间；蔬菜和瓜果的收获季节也是这些货物的运输繁忙期。这些反映在对运输需求的要求上，就是时间的特定性。运输需求在时间上的不平衡引起运输生产在时间上的不均衡。时间特定性的另一层含义是对运输速度的要求。客货运输需求带有很强的时间限制，即运输消费者对运输服务的起运和到达时间有各自特定的要求。从货物运输需求看，由于商品市场千变万化，货主对起止的时间要求各不相同，各种货物对运输速度的要求相差很大；对于旅客运输来说，每个人的旅行目的和对旅行时间的要求也是不同的。例如，在每天的上下班时间，特别是雨雪天的上下班时间，出行者对出租车有较大的需求，在其他时段，则需求减小。而出租车数量的配置，一般是固定的，一旦投入营运就成为有效供给，因而在每个时段大致都是相同的。这就难免出现在上下班的高峰时段"打车难"、在其他时段有的出租车只好"扫马路"的现象。

（六）部分可替代性

不同的运输需求之间一般来讲是不能互相替代的，例如人的位移显然不能代替货物位移，由北京到兰州的位移不能代替北京到广州的位移，运水泥也不能代替运水果，因为这明显是不同的运输需求。但是，在另一些情况下，人们可以对某些不同的物质位移做出替代性的安排。例如，电煤的运输可以被长距离高压输电线路的输电替代；在工业生产方面，当原料产地和产品市场分离时，人们可以通过生产力布局的确定在运送原料还是运送生产成品或半成品之间做出选择。人员的一部分流动在某些情况下也可以被现代通信手段所替代。

三、影响运输需求的因素

通常认为，消费者对某种商品的需求（D）受它的价格（P_0）、其他商品价格（P_1，P_2，…，P_n）以及收入水平（Y）的影响：

$$D = f(P_0, P_1, P_2, \cdots, P_n, Y) \tag{5-1}$$

虽然这一简单结构不仅适用于运输，而且也适用于所有其他商品和服务，但是如果要理解运输市场的运作方式，需要注意其中的细节和微妙之处。上边等式中的每一项，事实上不是简单的变量，而是若干相互作用的因素的复杂复合物。例如，价格不是简单地付出的票价，而必须包括为获得运输服务所付出的所有其他成本（其中的"时间成本"，通常被认为是最重要的其他成本）。同时，影响个人旅行需求的可能不是总收入，而是超过某一维持最低生活水平的收入。此外，有必要弄清，需求的究竟是什么：是旅行本身，还是比这更为具体的某种经济活动。

（一）运输服务的价格

1. 需求的价格弹性

如同上面已经提到的，运输价格所包括的内容大大超过以车票或货运费形式支付的简单货币成本。在运输模型以及定量研究中，价格的这些其他组成部分（时间成本、等候、不安全等）可能结合起来形成一般化的成本指数，但这里我们把注意力集中在货币价格上，特别是把注意力集中在运输工具的使用者对运输服务价格的敏感性。根据微观经济学理论，需求的价格弹性，简称需求弹性，计算公式如下：

$$e_d = -\frac{\Delta Q/Q}{\Delta P_T/P_T} \tag{5-2}$$

式中：e_d 为需求弹性，Q 和 ΔQ 为需求量及其变动量，P_T 和 ΔP_T 为运价及其变动量。对于商品或服务的不同弹性程度，我们有不同的称呼：

（1）当 $e_d = 0$：我们称之为完全无弹性，此时，价格的变动对需求量无影响。

（2）当 $0 < |e_d| < 1$：我们称之为缺乏弹性或无弹性，此时，价格的变动对需求量的影响较小，价格上升可以增加供给者的总收入（价格乘以需求量）。

（3）当 $|e_d| = 1$：我们称之为单位弹性或单一弹性，此时，价格的变动对供给者的总收入无影响。

（4）当 $1 < |e_d| < \infty$：我们称之为富有弹性，此时，价格的变动会引起需求量更大的波动，价格上升会导致供给者总收入的下降。

（5）当 $|e_d| = \infty$：我们称之为完全弹性或完全有弹性，此时，需求量对价格极其敏感。

使价格一般化显然很困难，尤其是要包括全部运输方式时更是如此。但在许多情况下，似乎很明显，某种限度之内的价格变化对于旅行或运输服务的需求数量只有较小的影响。举例说明，货物船运的需求没有什么弹性，部分是由于船运服务缺少近似的替代物，部分是因为对经常运载的原料的需求无弹性，部分是因为运费在货物最终销售价格中占的比重较小。

2. 运输需求的价格弹性

价格弹性较低，直接票价弹性在 -0.3 左右被认为是正常的。在票价变化研究"之前和之后"发现的短期弹性，大致为涵盖超过 5 年反应时间的长期弹性的 1/3。

价格变化对于私人小汽车运输的影响，必须区分为对车辆拥有量的影响和对车辆使用的影响。关于小汽车的使用，所有的证据都表明，在短期内，燃料的价格弹性极低，这可归因于家庭支出的车辆拥有和使用之间的模式发生了变化和人们对开汽车成本的感受发生了变化。

3. 运输需求弹性的影响因素

许多有关需求弹性的统计资料存在的问题是，它们是关于不同种类运输的平均弹性。事实上，交通运输的价格弹性与其他货物的价格弹性一样，理想的做法应该是进行具体的分类。对于运输而言，以下因素对需求弹性影响较大。

（1）旅行目的

有充分证据表明，某些类型旅行的票价弹性远高于其他种类的旅行。特别是商务旅行需求似乎对于运输价格的变化较之其他旅行更不敏感。

（2）收费方法

各种运输方式的使用者（或者某些时候，相同运输方式的不同服务的使用者），常常遇到完全不同的付费方法。因此，他们对旅行价格的感觉可能与实际花的钱不同。例如，汽车驾驶者对他们旅行的全部真实价格感觉很少，因为他们是根据短期边际成本这一有限概念做出决定的。另外，公共运输工具的使用者在旅行开始之前就得买票因而非常强烈地感觉到出行成本。不过，由于有种种季票（从而可整批购买特定路线上的旅行）和"旅行卡"（从而可整批购买特定交通网上的旅行）的便利，区别不是很明显。旅行卡制的价格弹性比传统单票现金支付制低得多。

（3）所考虑的时期

与其他购物决策一样，面对运输价格变动的人们可能在特短时期、短时期和长时期行为方式大不相同。例如，人们对公共交通票价上涨的即时反应可能很激烈，但是经过较长时期，他们会软下来，决心会变弱，因而长期弹性远远低于特短时期的弹性。所以，特短时期的弹性可能非常高但保持时间很短。这种情况可能并不像有人认为的那么普遍，实际上，在稍长的时期，倒可能出现相反的反应。例如，在短期内，人们可能对价格变化反应相当迟钝，或是因为他们并不认为这是永久的变化，或是由于技术上的约束限制了他们立即行动。20世纪70年代石油价格暴涨后对私人大汽车运输需求的增加，就说明了这一种现象。石油危机的影响十分清楚地表明，价格的短期效应与长期效应完全不同。在短期内，人们试图继续干他们以前干的事情，而在长期内，他们则调整自己的行为。在短期内，石油的价格弹性很低，为0.1；而在长期内，人们则通过调整车辆的大小来做出反应。同样，在考虑上下班出行成本的普遍上升的后果时，工作出行的必要性有可能导致短期的出行方式极少变化，但是在较长时期里，住所或工作场所的改变，可能产生更为显著的后果。

（4）价格变化的绝对水平

人们普遍发现，旅行距离越长，弹性越大。但不应该简单地把这看作距离的函数，而应该看作对绝对值的反映。

（5）替代品的多寡

如果某一运输服务在当地没有合适的替代品（例如偏远地区可能只有一条公路而没有其他运输方式），那么，该运输服务的票价弹性将远低于有替代运输方式时的水平。

（二）消费者的收入水平

需求的收入弹性，简称收入弹性，指的是，在其他条件（如价格）保持不变的情况下，需求量变动的百分比除以收入变动的百分比：

$$e_i = -\frac{\Delta Q/Q}{\Delta I/I} \tag{5-3}$$

式中：e_i 为收入弹性，I 和 ΔI 为收入及收入的变动量。

虽然有充分的证据表明运输是一种正常商品，即收入水平越高，需求量越大，但这样的概况既不适用于所有运输方式，也不适用于所有场合。例如，收入对车辆拥有量施加了正面影响，但这对公共交通的作用相反。随着消费者收入的提高，拥有汽车变得更为普遍，而公共运输在许多情况下变成了次等商品。如同价格一样，收入变化对长期运输需求和短期运输需求施加的压力也有所不同。一般来说，收入的降低会使需求水平急剧下降，但是由于人们在长期中重新调整他们的支出模式，长期弹性又可能低很多。

（三）其他运输服务的价格

1. 需求的交叉价格弹性

任何一种运输服务的需求，都可能受到与其竞争的和补充性的供应者行为的影响（严格地说，它还受经济中所有其他市场价格的影响，但是土地市场以及通信可能是例外）。另外，在各种公共运输方式之间存在着交叉的价格影响。可以用交叉弹性的概念来表明这种影响。需求的交叉价格弹性的计算公式如下：

$$e_{AB} = -\frac{\Delta Q_B/Q_B}{\Delta P_A/P_A} \tag{5-4}$$

式中 e_{AB} 为 A 与 B 两种运输方式需求之间的交叉价格弹性，即 A 方式运价升降对 A 方式运输需求增减的影响程度，Q_B 和 ΔQ_B 为 B 方式运输需求量及相应的增量，P_A 和 ΔP_A 为 A 方式运价及相应的增量。若 $e_{AB} > 0$ 表示 B 运输方式的需求量与 A 运输方式的价格正相关，则 A 与 B 互为替代品；若 $e_{AB} < 0$ 表示 B 运输方式的需求量与 A 运输方式的价格负相关，则 A 与 B 为互补品。

2. 运输需求的交叉价格弹性

改变公共运输票价结构，会使各种公共运输方式之间需求的变化大于公共运输和私人运输之间需求的变化。然而，最近对公共运输方式之间交叉弹性的研究产生了稍许不同的结果，特别是伦敦的公共汽车旅行对地铁票价更为敏感。

在其他运输市场，无论是在同一种运输方式的经营者之间还是在不同运输方式的经营者之间需求的交叉弹性可能更高。例如，公路网络的扩大，通过降低公路旅行费用，肯定增加了对某些公路支线的需求，同时减少了竞争线路上的需求。这种网络效应的准确含义比运输方式划分的准确含义更难查明，但实际上这种效应是运输系统的重要特征。

（四）需求者的偏好

迄今尚未提及但常常包括在需求讨论中的一项，是偏好这个含义颇广的变量。虽然在某些情况下，这样的变量能够而且实际上也应该包含在需求函数中，但一般来说，偏好更可能影响需求方程的实际形式。因此，可以看到，偏好的变化会影响需求和解释变量之间的关系，而不是导致遵循既定的关系模式沿着需求曲线做某种移动。

"偏好"的经济含义很难弄清楚，但实际上它似乎包括前面标题中未涵盖的所有对需求的影响。随着时间的推移，运输方面的偏好肯定已发生了变化。例如，在私人运输中很多国家的居民拥有小汽车的倾向增加了，而在货物运输中，国民经济结构的改变（特别是从基础重工业转向产生高价值低重量产品的轻工业）使人们将重点从价格转移到了运输服务的其他方面。这两种变化在一定程度上必然与生活水平的上升有关。有了更多财富和更多空闲时间，人们会更加强烈地渴望利用私人运输工具提供的较大自由和灵活性。随着离开市中心的大居住区变得越来越具有吸引力，居住地点模式的改变也成为可能。

"偏好"的另一方面涉及做出决定中的惯性和不对称性这两种含义。首先，作为个人和企业的习惯和惰性的结果，在运输的需求曲线上可能有中断，或者至少有部分需求曲线对价格变化的反应几乎完全不灵敏。这完全可以用以下事实来解释，即搜寻替代方法的信息是要付成本的，因而像以前那样继续下去是合理的反应，直到发生更大的价格变化。其次，在一些情况下，反应是不对称的，存在着"棘轮效应"（指人的消费习惯形成之后有不可逆性，即易于向上调整，而难以向下调整），因此对价格降低的反应与对同等的价格上升的反应不一样。

偏好也体现在对运输服务质量的反应方面。此外，消费者对未来商品的价格预期会影响需求。当消费者预期某种商品的价格即将上升时，社会增加对该商品的现期需求量，因为理性的人会在价格上升以前购买产品。反之，就会减少对该商品的预期需求量。

第二节　货物运输需求

一、生产地的区位决定

（一）运输与土地利用的关系

毫无问题，在运输与经济的发展之间存在着联系，但二者之间的因果关系很难说清楚。是高收入导致高水平的流动性，抑或是高收入来自高水平的流动性？答案不是一眼就能看出来的。另外，虽然人们现在已充分认识到这些相互作用，但要建立能全面反映所有这些联系的综合理论，实际上很困难。运输和土地利用变化不断对空间的充分利用做修正的事实，使问题进一步复杂了。因为存在不中断的因果循环，所以难以断定在哪点插入这个变化的连续体是切合实际的。因此，从实际出发，人们必须做出相当谨慎的判断，是把土地利用看作受运输的影响，还是反过来运输受土地利用的影响。

在某种程度上，最后的决定必须取决于正在考虑的问题。城市规划专家往往把运输视为影响因素，他们注意的焦点在于城市空间的规模与结构。例如，为什么出现某种人口密度，或者为什么发生特定的城市经济互相作用。与之相对应，运输经济学家通常接受特定的土地利用模式，并在它的约束内研究提供有效率的运输服务的方法。短期运输决策隐含着这样的假设：因果关系是从土地利用到运输，即一般来说，土地利用是预先决定的，各个生产地与消费地的位置都是已经事先确定好的。

在短期的运输需求分析中这种假设是可以成立的，而且我们只能在各生产地与消费地的位置已经确定的情况下讨论运输供求的短期平衡。但如果是在一个很长的时期中，又是什么因素决定了这些生产地和消费地所在的位置呢？而交通运输条件又在其中起着什么作用？有不少地理因素是人类无法控制的，例如气候条件、土地和矿产资源的分布、可通航的水域等，于是人类生产和经济活动的分布在历史上就自然形成了，像种植业和采矿业的地理位置、水运航道的走向等，人们的运输活动只能去适应这些已有的地理分布。但许多产销地点的布局与运输条件以及运输价格之间是有相互影响的，特别是一些制造业的选址与交通运输的关系非常密切。因此可以说，一方面制造业的布局是决定运输需求的重要因素，而另一方面运输条件及运输成本又在某种程度上决定了制造业的区位。

（二）工业区位理论

1. 工业区位分析的基本思想

工业区位分析的基本思想，是根据加工过程中原材料或产成品减重或增重的程度确定加工厂的位置。凡加工过程减重程度较大的产业，被认为应该设立在原料集中的地点；而加工过程增重程度较大的产业，则应设立在靠近市场的地点。前者我们可以看到例如造纸厂（包括纸浆厂）和糖厂等，绝大多数都设立在原料产地，例如加拿大和北欧国家有丰富的木材资源可以造纸，但它们大量出口的是加工过程中已经减重很多的纸张或纸浆，而不是造纸的初始原料，制糖厂也大都建在甘蔗或甜菜产地；而后者如饮料业，则大多设立在靠近消费地的地方。即使所有地方的气候条件、土壤肥力、矿产资源及人口密度等各方面的情况都没有差别，从长期看也仍然会有地区之间的货物运输需求。这种结论乍看起来有些费解，既然所有的地方都有同样的生产条件，那么它们都可以生产自己所需要的各种消费品，为什么还需要地区之间的贸易和运输呢？原因在于生产的专业化可以获得更高的效率，每一种产品的生产都有一定的规模经济，在该范围内生产规模越大，产品的单位生产成本越低，这就使得每一个地区并不是生产所有自己需要的产品都合理，而是低成本地集中生产某些产品，并用自己具有成本优势的产品去交换其他自己需要的产品。这样，地区之间的贸易和运输就是不可避免的了。

2. 杜能的工业区位理论

在农业区位方面最著名的要数另一位区位理论的早期代表人物杜能（J. H. Thunen）提出的理论。杜能关于工业区位的主要思想与其在分析农业区位时的思想保持一致，在均质的大平原上，以单一的市场和单一的运输手段为条件，研究农业19世纪的运输条件，杜能证明了易腐产品和重量大、价值低从而不利运输的产品应该靠近市场生产，而不易腐坏和每单位重量价值较高、相对较易运输的产品则可适当远离市场进行生产。这样，以市场为中心就会形成一个呈同心圆状的农业空间经营结构，即所谓的"杜能环"。运输费用是决定利润的决定因素，而运输费用则可视为工业产品的重量和生产地与市场地之间距离的函数。因此，工业生产区位是依照产品重量对它的价值比例来决定的，这一比例越大，其生产区位就越接近市场地。杜能的分析虽然很形式化，他的假设条件距离现实也很远，但他的开创性工作为区位理论的形成做出了巨大贡献，也成为后来农业区位、土地和地租分析进一步发展完善的基础。

3. 韦伯的工业区位理论

工业区位理论的另一位代表人物韦伯（A. Weber）认为工业区位的形成主要与运费、劳动力费用和生产集聚力三个因素有关，其中运费具有把工业企业吸引到运输费用最小地点的趋势，而劳动力费用和生产集聚力具有使区位发生变动的可能。他的方法是先找出最小运输成本的点，然后再考虑劳动力成本和聚集效益这两项因素。工业区位的决定应最先考虑运输成本，而运输成本是运输物品的重量和距离的函数。所有潜在的顾客都定位于 M，而制造厂所需的两种原材料分别位于 S_1 和 S_2。假设所有其他生产因素在所有潜在生产地都可自由地获得，并且从地形学角度来说，假设所有活动都在一个均匀平面上运行。假定运输费用与间隔的距离，和所运货物的重量成正比。因此制造厂的选址，取决于不同原材料所在地和市场的相对拉力。于是，问题在于为制造厂寻求总成本为最小的地点 Z，换句话说，就是能使 TC（运输总成本）达到最小的地点 P，即

$$\min: TC = w(M) \times d(M) + w(S_1) \times d(S_1) + w(S_2) \times d(S_2) \tag{5-5}$$

其中：$w(M)$ 为在以处所消费的最终产品的重量；$w(S_1)$ 为生产最终产品 $w(M)$ 所需的在 S_1 处所能得到的原材料的重量；$w(S_2)$ 为生产最终产品 $w(M)$ 所需的在 S_2 处所能得到的原材料的重量；$d(M)$、$d(S_1)$ 和 $d(S_2)$ 分别为选址地点距市场 M、原料产地 S_1 和 S_2 的距离。

（三）区位理论的发展

1. 工业区位理论的不足

虽然工业区位的理论模型可以使人们看清运输所起的作用，但运输在现实世界中的实际意义还需要详细的经验研究。首先，韦伯的分析隐含地假设运输费用与距离呈线性关系，但是有充分的证据说明，短途运输和部分满负荷常常是相当不经济的。虽然韦伯原来建议，可以通过调节区位三角形的边来取得最经济的效果，但这要求做相当复杂的修正。困难在于，在这些情况下，区位和运输费用是共同决定的；如果不知道最后定位处，就不可能估计出长途运输的经济重要性（如果有的话）。正确的方法应当是找出最大利润的地方，因此需要引入需求和成本这两个空间变量。还有人发现，在很多情况下，运输成本只是总生产成本的很小一部分，以致要获得并寻求最低成本地点所需信息的费用，较之忍受次优情况低效率的损失似乎更多。我们可以通过观察运输成本在生产成本中的相对重要性，分离出这种对运输成本不敏感的行业。

2. 现代企业选择的影响因素

过去数十年来世界工业结构的改变，特别是从基础工业到制造业与服务业的转移，使运输对区位决策的影响不断减小，至少在地区之间是如此。此外，几乎在所有工业化国家中遍布各地的运输和通信网络，使接近良好的运输系统比过去容易了许多。但是，上述成本统计也可能会使人对运输因素的影响产生稍许扭曲的印象。尤其是，虽然在很多部门中运输成本可能只占产出成本的较小比例，然而，它们对于利润有着值得注意的影响。简单的成本估计可能掩盖运输的其他特性（如速度、规律性等）的变化，而这些变化会对决策者产生影响。可靠的城市间运输、良好的国际运输联系以及高质量的当地运输（这些是雇用稀缺的熟练劳动力所必须具备的条件），对现代高技术产业是特别重要的。

对于新兴的高技术产业来说，由于它的产品"轻、薄、短、小"，高技术产品运费一般占产品成本比重微不足道，其布局中的交通运输问题因此往往被忽视，其实不然。影响高技术企业选址的主要是良好的旅客运输设施，这是因为高技术产业的发端是耗资巨大而且发展迅速的，需要大量科学研究与工程技术专家。而从实验室和其他研究与开发设施到娱乐场所之间的地方交通质量十分重要，正是因为科学技术专家在选择工作地点时很重视这个条件。良好的都市内部客运和生活环境质量都是在传统工业布局中很少考虑的，然而对于高技术产业却很重要。此外，在新技术革命的今天，虽然电信行业已十分发达，金融家、厂商和技术开发人员仍然需要方便的交通以面对面地洽谈业务和掌握信息。对于成功的企业来说，这类人员频繁地乘坐飞机，他们研究与开发活动区位对机场设施的要求是较高的，此时不仅考虑节约时间，更重要的是安全和可靠程度。如果他们不能经常见到同行，会感到十分不舒服。

在零售业和其他一些行业中，企业选址的影响因素可进一步加以扩展包括企业接近顾客的愿望。当地运输条件对吸引或流动这类劳动力具有影响。因此，运输及与运输有关的因素，看来在现代工业的选址决策中仍然非常重要，尽管近年来运输的一些重要特征已有了某种程度的改变。

3. 满意策略

除了认为运输条件在区位选择中常常不是最主要的因素外，现在越来越多的经济学家认为，企业并非总是受成本最小化的观念所左右。因此，即使能分离出对企业而言很重要的那些因素，也不应把这些因素归入成本最小化的构架之中。在许多情况下，其他条件相同的情况下，运输成本低于某一水平的地方被认为是可以接受的。更多的时候，人们一般选取最先碰到的合意地方。因此，在选址时企业常常采取"令人满意"的政策，而不是力求利润或收益的最大化或者是成本的最小化。在选择过程中，作为决策者的个体无法做出完全理性的决策，他只能尽力追求在他的能力范围内的有限理性。于是，决策者通常会定下一个最基本的要求，然后考察现有的备选方案，如果有一个备选方案能较好地满足定下的最基本的要求，决策者就实现了满意标准，他就不愿意再去研究或寻找更好的备选方案了。这是因为一方面，人们往往不愿发挥继续研究的积极性，仅满足于已有的备选方案；另一方面，由于种种条件的约束，决策者本身也缺乏这方面的能力。因此，决策者承认自己感觉到的世界只是纷繁复杂的真实世界的极端简化，他们满意的标准不是最大值，所以不必去确定所有可能的备选方案，由于感到真实世界是无法把握的，他们往往满足于用简单的方法，凭经验、习惯和惯例去办事，导致企业选址结果也各有不同。在这种情况下，运输成本所起的确切作用变得几乎难以确定，但是看来一旦选定了区位，只有运输成本大幅上升，才能克服似乎伴随着这种管理目标的基本惯性。

二、货物运输需求的属性

货物运输需求是一个广义的概念，泛指社会经济活动提出的货物空间位移需要。货物运输需求产生于人类生活和社会生产的各个环节，个人、企业、部门、区域或国家都有可能提出空间位移的需要。

一般认为，社会经济活动对运输的需求可以通过运输量的形式反映出来。（货物）运输量可以反映为载运工具的流量，也可以是所运送货物的货运量或是周转量。虽然运输量的大小与运输需求的水平有着十分密切的关系，但两者也并非完全是一回事，运输量本身并不能完全代表社会对运输的需求特征，它反映的是被一定运输供给水平（基础设施、载运工具、运输组织条件等）所限制的运输需求量，如果运输供给水平允许或是得到提高，潜在的运输需求就会显现出来；反之，运输需求量将会被进一步抑制。

运输需求的物理特征包括流量、流向、流程、流时和流速五个要素。此外，运输需求还具有一定的结构性特征，例如可靠性、便利性、安全性等，它们反映着对于运输服务质量的要求。下面，我们主要从运距和批量这两个属性对货运需求进行分析。

（一）运输距离

尽管重工业和农业在发达国家经济结构中所占的比重已经有所下降，但它们所引起的运量或运输需求在总货物运输量中仍占有绝大多数。

运输距离是衡量货物运输需求结构的一个重要方面，国土面积的大小对货物运输距离的分布具有重要影响，而像日本和英国这样的岛国，货运距离与美国相比肯定有较大差别。

各不同工业部门对运输业的依赖程度是不一样的，一般而言，初级产品的平均运输距离较短，而运输费用占产品价值的比重较高，最终产品则正好相反，平均运输距离较长，但运输费用占产品价值的比重较低。

（二）货物批量

1. 经济订货批量模型

货物批量指的是一批次运输货物的重量，货物批量也是衡量货物运输需求结构的另一个重要方面。货主的运输决策不仅是选择运输方式的问题，而是同时选择运输方式和货物批量的综合性问题。通常情况下，货物批量甚至是决定性的。这里我们借用物流中的经济订货批量来说明货物批量的决定因素。经济订货批量模型是目前大多数企业（货运需求者）最常采用的货物订购方式，该模型适用于整批间隔进货、不允许缺货的存储问题。假定：企业能够及时补充存货，需求量稳定；并且能够预测；存货单价不变，不考虑现金折扣；企业现金充足，不会因现金短缺而影响进货；所需存货市场供应充足，不会因买不到需要的存货而影响其他。那么，在上述假设下企业的年存货总成本为年订货成本和年储存成本之和，即

$$TC(Q) = DS/Q + QK/2 + F \tag{5-6}$$

式中：TC——为年存货总成本，元。

D——年货物总需求量，吨。

Q——每次进货量，吨。

S——单位重量货物的订货成本（包含运输成本，议价成本等），元/吨。

K——单位重量货物的储存成本（包含仓库建设、租用、运营和管理费用，货物占用的资金成本，货物陈旧损坏或跌价的风险等），元/吨。

F——其他固定成本，元。

为了使年存货总成本达到最小值，可以运用微积分推导出最优订货批量 Q^* 的表达公式：

$$Q^* = \sqrt{\frac{2DS}{K}} \tag{5-7}$$

由于货运需求者的订货成本与储存成本之间存在着背反关系，导致总成本呈 U 形曲线，因此存在着使得总成本最小的经济订货次数。而经济订货批量为年货物总需求量除以经济订货次数。因此，货运需求者每年的订货次数或者说每次的订货量不仅与运输成本有关，还受到库存成本的直接影响。这就导致了现实中不同货物的批量存在着差异。

2. 货物种类与载运工具的装载量

如果某种货物的储存成本远高于运输成本或者年需求总量很高，那么，货运批量可能会很低；若是运输成本远高于储存成本，那么，批量可能就很高。换句话说，如果运费上升，最优货物批量通常将出现下降；如果年运输量或订货成本上升，最优货物批量也将随之提高。钢铁、煤炭、建材等货物的运输批量要明显高于生鲜农副产品和机械电子工业品，因为对于前者来说，运输成本的影响较大。例如，煤炭的货物价值较低，订货量大、订货成本较低，仓储成本也较低。这些较低的运输与库存成本导致了货主偏向于采用重型卡车等规模运输方式进行大批量运输。而对于后者来说，产品在储存时出行货损和跌价的高风险导致了其储存成本很高。例如，由于电脑配件的货物价值较高、货运量较少、订货与仓储成本较高、货架期较短，货主倾向于采用小批量的货物运输方式。实际上，更多货物的运输与库存要求介于上述两者之间，并导致了市场上纷繁复杂的货运价格、运输批量和仓储要求，这也解释了市场上一些货物使用不同类型车辆进行运输的原因。

三、货运需求的影响因素

（一）运价水平

1. 货物的运价弹性

对货运市场进行需求分析的意图之一，是想确定某一种或几种运输方式的运输需求对于运输价格变化的弹性。这是运输需求分析最重要的目的，比预测总的运输需求更有实用价值，因为在现实中运输企业需要根据对运输需求弹性的分析决定自己在运输市场上的价格水平，政府也需要了解和掌握诸如社会运输需求对提高燃油税措施的反应程度等动向。

实际上，每一种货物运输由于运输对象、地理条件和其他种种因素的影响，其真正的需求弹性是非常复杂的，不同的人从不同角度或使用不同的分析方法都可能得出不同的结果，因此几乎不可能十分准确地计算任何一组运输需求的价格弹性，我们只能从大体上去把握每一种运输需求弹性的变化范围，并进行必要的比较。

进一步地说，即使运输需求弹性值计算准确，我们又能在多大的程度上将其推广使用呢？某一年的运输弹性是否能代表该时期以前和该时期以后的运输市场情况？某种货物的运输弹性是否能代表其他货物的运输弹性？某地的运输需求弹性是否能代表其他地区之间或者全国的运输需求弹性？显然都不能。每一个特定运输市场（一组运输服务）中的运输需求条件都是唯一的，我们不能武断地随意把特定案例中的运输需求弹性值用在其他的运输环境里。这并不是说运输需求弹性的分析没有真正的实用价值，而是说这种弹性分析必须根据研究目的和各种给定的条件非常细致地去进行，否则就达不到预期的分析目的，甚至会得出错误的结论。需求弹性的概念很简单，但需求弹性分析即使在其他产业中也不是轻易就能给出结论的，在运输行业中只不过情况比较复杂，因此要求做结论时更谨慎一些罢了。

最后，当某一条特定运输线的运价水平发生变动，它所影响的可能不只是该线路上的运输量，所有有关的产品供给地都会重新调整自己最合适的运输终到地点，也就是说，所有可能的始发到达地的产品供给曲线和需求曲线都会对新的运输均衡产生影响。因此，在网络上考虑运输需求问题情况十分复杂，因为原来已经存在的特定运输服务组别可能会发生变化，运输距离使运输市场的范围都改变了。在运输领域应用一般经济学分析方法的时候应该比较谨慎，要注意运输需求对价格变化的敏感反应，往往不是体现在货运吨数的增减或者运输方式之间的转移上，而是体现在运输距离的远近上。

2. 货运的非价格成本

有些必须考虑的影响因素是"运输的非价格成本"或"非价格的运输成本"，也可以把它称为"附加的用户成本"。运输的非价格成本本身不是运输价格的组成部分，但是一旦发生这种成本并且其水平达到某种高度，那么它所起的作用与提高运价水平是相似的，也会减少运输需求（或者使运输需求曲线向左移动）。例如，某产品的产地价格是每千克9元，其销地价格是每千克10元，两地之间的正当运输费用是每千克0.5元，在这种情况下可能就会有经销商愿为获得剩余的那平均每千克0.5元的利润，而将该产品从产地运到销地去销售。但如果出现每千克平均为 0.6 元的额外非价格运输成本，那么产地价加上运费和非价格运输成本的总计就会超过销地价格，经销商则无疑会对该种产品的运销失去兴趣，结果是运输需求下降。

某些产品的性质使其属于易腐坏、易破损或易被偷盗丢失的货物，那么在运输这些产品时，货主就需要多付出额外的费用，例如保证活牲畜运输中的饲养和清洁条件并安排专人押运，易破损货物的特殊包装条件，易损易盗货物的保险费用等，这些额外费用就属于运输的非价格成本。又如运输是需要时间的，而在市场经济中"时间就是金钱"的概念已经被普遍接受。在运输过程中的货物对货主来说有相应在途资金被占用的问题，货物本身价值越高，运输所耗费的时间越长，被占用资金所需要付出的代价（至少等于同期的银行利息）就越大，而这笔代价也是由运输引起但不包括在运输价格中的。还有，在市场经济还不完善的情况下，很多货主在运输中受到承运方工作态度或服务水平较差的影响，例如不能按合同提供运输车辆、运输被延误、货物出现不应有的损害或灭失、出现责任事故后不能及时得到应有的赔偿等情况时有发生，这些情况给货主带来的损失显然也是运输的非价格成本。无论是上述的哪一种情况，运输的非价格成本越高，运输需求就越受到限制。

（二）经济发展水平与产业结构

1. 经济发展水平与货运需求

货物运输需求是派生需求，这种需求的大小决定于经济发展水平。各国在不同经济发展阶段对运输的需求在数量和质量上有很大区别。从西方发达国家的交通运输发展过程看，工业化初期，开采业和原材料对大宗、散装货物的需求急剧增加；到机械加工工业发展时期，原材料运输继续增长，但增长速度已不如前一期，而运输需求开始多样化，对运输速度和运输质量方面的要求有所提高；进入精加工工业时期，经济增长对原材料的依赖明显减少，运输需求在数量方面的增长速度放慢，但运输需求越发多样，在方便、及时、低损耗等运输质量方面的需求越来越高。出现这些变化的深层次原因在于，经济的发展使得人们更为富裕，人们的消费行为也发生了改变，由需求弹性较低的货物转向需求弹性较高的货物，或是由农产品转向制造业产品及服务业的服务。因此，对产业结构而言，亦会因消费者消费取向的不同而有所转变；在产业结构因经济发展而改变时，会出现货物种类和货运服务特性的改变，从而使货运需求发生变化。根据经济学理论，专业分工越细，规模经济效益越容易得到发挥，从而可以降低生产成本，但相对而言，专业分工的细化也导致了运输成本的增加，例如厂商采取适时制生产策略，可有效降低存货成本、增加生产的弹性，但必须为之付出较高的运输成本。当某一地区的产业结构变得更为复杂或单纯化时，会影响到区域（包括境内、入境与出境的）货运量，并对区域间货运量分布的形态产生影响。

在货运需求分析中，最大的一组运输服务可能要算把一个国家所有的货运吨公里加总在一起了，即把所有不同始发到达地点之间、通过不同运输方式、不同批量和不同品类的货物位移加总的合计。发达国家的货运需求与国民经济的增长变化情况不完全相同，运输需求的增长比例要更平缓些。这是因为，在这些国家的国民经济增长或工业化的初期，运输需求的增长幅度超过经济总量的增长幅度，而到了工业化的中期和后期，运输需求的增长一般会开始放慢。出现这种变化的原因主要是，经济结构中一开始重工业所占的比重较大，重工业所引起的原材料和燃料以及产成品的运输量都比较大，而工业化中后期经济结构中附加价值较高的高新技术产业和服务业比重增加，这些产业单位产值所引起的货物运输量比较少。

2. 货运需求的地区不平衡性

我国货运需求层次地区分布的不平衡性也需要加以注意。首先，我国国土面积广大，地区资源分布不均。比如中西部主要是大量能源、原材料的产地，而东南部主要集中的是加工产品的生产，这就使得我国各地区由于货物产品的不同，拥有着不同的货运需求层次。其次，区域经济发展不平衡带来货运需求层次地区分布不均。比如西部地区的经济发展落后于东部沿海，人民消费水平也较低，产品的生产及需求不如东部地区多样，使得西部的货物运输需求层次比较单一简单，而东部就相对要复杂得多。

3. 货运消费者对载运工具的选择

货物的批量是由储存和运输等物流环节共同决定的。虽然对于载运工具来说，都有一定的装载容积以及相对较"经济"的装载量，运输者必须保证运送的货物达到一定的装载量以满足运输工具一次的装载能力。但对于商品的生产者（货运消费者）来说，装载量越大，其产品的存储数量和时间也越大或越长，而产品存储所造成的成本显然也会越高。如果产品的价值较低且市场需求较稳定，那么，充分利用载运工具的运输能力能够显著地降低运输成本而又不会带来其他成本的大幅增加。而对于一些单位价值很高、市场需求变化很快的产品来说，过长时间或过大数量的存储显然是不经济且存在极大市场风险的。此时，那些装载容积较小、相对灵活方便的运输工具，特别是卡车的优势就体现出来了，因为它们几乎可以随时启运，大大减少产品的存储成本。所以产品生产地对运输需求的影响，还应该包括存储和装载方面的考虑。极端的情况是适时制生产组织方式的情况，一些汽车公司首先采用了这种生产组织方式，使每一个前方生产者的加工品正好在下一个生产者需要的时候直接供应到位，以最大限度地减少不同工序、车间或分厂之间原材料、零配件及半成品的存储量，甚至做到"零库存"。为了适应这种适时制的生产组织方式，运输组织也必须做到非常准确及时，因为假如某项供应一旦不能及时到位，就可能造成整个生产链停顿的严重后果，而某项供应提前到位也会引起不必要的存储，达不到适时制的目标。这种生产组织方面的变化对运输服务的可靠性提出了空前的要求，因此比较可靠的运输方式被用户青睐，而对那些运输组织环节复杂、时常出现运输延误的运输方式，其运输需求就可能下降。

4. 不同运输方式的发展

如果把总的货物运输需求拆分到不同运输方式，我们就可以看到比总量略微具体一些的运输需求。在目前的几种主要运输方式中，铁路、公路、水运和管道承担了大部分货物运输，航空货运正在崛起，但从承担的运输总量来看相对还比较小，即使在航空运输最发达的国家，航空所占的货运比重也很小。水运货运周转量的增长明显高于其货运量的增长，可反映出我国由于对外贸易的繁荣，远洋运输增加了水运的平均运输距离；铁路货运周转量的增长也明显高于其货运量的增长，这主要是由于铁路运输的平均距离比较长；而公路货运量增长明显高于周转量增长，主要是由于公路短途运输比重加大。

第三节　旅客运输需求

一、交通需要的含义

在旅客运输需求分析中要涉及一个概念，就是运输"需要"。一般来说，需要的概念比需求要大，因为需求只是有支付能力的那部分需要。由于需求要受个人收支预算的限制，同时个人收入水平也会存在差异，所以仅仅按需求去分配社会资源就会产生出一些不平等。因此有人主张，运输服务，至少其中的一部分，应该按照"需要"进行分配而不是按照有效的"需求"进行分配。其中心思想是，在现代社会中每一个人都有权利享受一些不低于基本水平的教育、医疗等服务，而不论他们收入的多少，交通运输也应该属于这一类服务，人们也有权享受某种最低标准的运输供给。

任何一个国家或地区，都会有一些低收入者，还有残疾人、老人和儿童，这些人相比之下需要一些特殊的运输服务，任何一个国家也都会有一些地区的经济开发水平较低同时交通条件较差，需要外界提供一些它们自己难以实现的运输服务，这些运输服务仅靠市场上自发的供求平衡力量往往无法满足。因此，需要被认为是既包括可以用市场去满足的需求，同时也包括要依靠市场以外力量去满足的那些基本要求，这后一部分运输需要有时也被称作"公益性运输"或"普遍服务"。社会运输需要包括人们作为现代社会成员所必需的工作、采购、休闲和其他活动的运输需要。

二、客运需求的影响因素

（一）运价水平

1. 客运需求弹性

客运需求也受运价水平的影响，如果我们已经比较清楚地知道运输需求与运输价格之间的相互关系，就可以在价格与需求坐标系中画出一条运输需求曲线，根据运价水平的变化考察运输需求量的变化。当然，这只是理想条件下的，现实条件下客运需求分析中所使用的变量往往不应该简单处理，例如价格可能并不仅是乘客所支付的票价，而是包括了其他许多有关又相互影响的因素，像时间成本就是其中很重要的一项。此外，还有安全、舒适和方便等。但这种综合性的运输成本不容易准确掌握或计算，因此，在现实中，很多情况下人们还是利用容易取得的价格资料进行运输需求分析。这当然会带来一些问题，其中一个就是对运输需求的价格弹性计算结果往往与人们预料的相差很多，而且一般都偏低。

2. 客运需求弹性的影响因素

与货运需求弹性的计算结果类似，客运需求弹性也因计算者、计算目的、使用数据来源、计算期间和分析范围的不同而差异很大。运输需求弹性的计算如果过于笼统，它与特定和现实的运输需求特性就会背离较大。于是有学者建议要注意分类对运输需求弹性进行分析，他们认为至少可以从这样四个不同层面去观察客运需求的价格弹性变化：

一是出行的目的不同。人们的出行目的大体可归类为出差、旅游、探亲、访友、购物及其他几类。一般认为公务出差的旅行需求对运价的弹性要低于以旅游度假及探亲访友为目的的旅行，前者更倾向于选择更加快速、舒适、便捷的运输方式，因为前者的机会成本通常要高于后者。出行目的本身不能孤立地对方式选择发生作用，而是与其他因素综合作用于方式选择的全过程。

二是费用支付方式的不同。例如，私人小汽车的燃油等直接费用相对于既包括燃油，又包括保险、保养和折旧等间接费用的全成本来说只是一部分，这使得驾车人的需求弹性按燃油费用与按全成本计算相比就有差别；而公交车票又分别有一次性票、按时间的期票和按里程的累积优惠票等，结果使需求的价格弹性也不同。

三是长短期的弹性不同。例如，人们对市内公交车票涨价的反应，在短期内往往是需求明显减少（抗拒心理），但一段时间以后，当人们的心理逐渐适应，这种反应会软化，因此表现为需求价格弹性短期较高而长期较低。然而燃油价格对人们驾车行为的影响是一种相反的情况，当20世纪70年代石油危机导致燃油价格上升时，在短期内人们的驾车距离似乎没有很大变化（人们可能寄期望于油价在将来有所回落，同时，对车辆的投资是种固定成本），但在更长的时期内它对人们选择居住和上班地点以及选择车型都发生了影响。

四是运输距离或支付总额的差别。都是20%的上涨率，但5元票价和500元票价两种基数会使人反应不同（因为上涨的金额相对于普通人的收入具有明显的差别），研究结果是休闲旅行需求在长距离的价格弹性要大于短距离。对汽油的长期需求弹性，要比短期需求弹性大得多。

（二）收入水平

人们的收入水平与交通需求之间有一定联系，过去有人提出，由于在出行时间预算上的限制，人们在出行行为方面具有相对的稳定性，即人们花在出行方面的时间和出行的总次数变化不大，如果以休闲为目的的出行增加，那么以工作为目的的出行就会减少，如果选择使用汽车或飞机出行，那么原来以步行或骑自行车的出行次数就会相应减少。

虽然可以认为交通在总体上属于经济学中的优质品，即消费随收入增加的物品，但也有人认为如果分更细来看，其中的私人交通特别是人们对小汽车的需要与收入增加的相关性更加明显，而对市内公共交通的需要却可能是在减少的。

（三）其他运输服务的价格和质量

1. 客运需求的交叉弹性

对任何一种交通工具的需求，无疑会受到与其竞争或与其互补的其他交通工具的影响，其中也包括收费或价格方面变动的影响。需求的交叉价格弹性是可以用来分析需求受其他交通工具价格影响程度的有效工具。公共汽车提高票价对自身需求的影响要大于地铁对自身的影响，而且前者对后者的交叉影响要大于后者对前者的影响，它们对市郊铁路的需求和人们减少出行的决定也产生了一定影响，但程度要小一些。

需要说明的是，即使在同一种运输方式内部，也可能存在不同运输企业之间的竞争，而分析这种运输企业之间的需求交叉价格弹性，对企业的经营也是很现实和极有实用价值的。此外，对于互补型的运输工具或运输企业，例如市内道路交通为市际铁路和航空集散客流，或者支线航空公司与干线航空公司共同组成轴辐型结构等，需求的交叉价格弹性应该是负值。

除了出租车，公共客运都是集体运输，即要把数量不等的旅客集中到一部交通工具上运载，因此公共客运一般都需要设定专门的运行线路、停到站和运行时刻。与私人交通相比，公共客运的不方便之处就是不能随时随地满足每个人的出行需要，而必须等待规定运行时刻，并只能在确定的运行线路和停到站。此外，旅客往往还需要利用个人交通（包括徒步）去衔接公共客运所不能满足的那部分路程。这使得公共客运比随时随地可听凭个人支配的私人交通工具缺少了一定的吸引力，再加上其他的原因，公共客运在很多国家和城市都被私人小汽车排挤了，引起了很严重的交通堵塞问题。

2. 公共交通服务水平的重要性

公共交通的服务质量与所在地区的人口密度以及人们对它的使用强度有很大关系，因为如果乘客过少就很难维持较好的公交车况和较高的服务频率。所以大城市本来应该是能够充分发展公共交通，用优质公交服务引导居民减少对私人小汽车依赖的理想地方，可惜的是很多大城市由政策失误反而导致居民选择小汽车并放弃公共交通，致使交通状况恶化。另外，对公共交通服务水平的定量分析并不容易。公共交通的服务质量仍然是一个在经济学上很难分析的问题，因为它可能包含的意义太多了，除了公交车辆开行的车公理数以外，像公交线路的多少和长度、发车频率、行驶时间、站点设置、转换车时间长短等，都对人们是否更多地选择公交产生着影响，而公交服务的另外一些指标，如舒适程度、可靠性、安全性等，在定量分析方面也仍然是十分困难的。

3. 人口数量

在现实世界中，我们所能直接观察得到的往往是市场需求。市场需求所代表的是某一市场范围内所有个人需求的总和。市场需求曲线则是将在每一价格水平下所有个人的需求量加总而得到的。市场需求曲线也符合需求向下倾斜的规律：当价格下降时，较低的价格通过替代效应吸引了新的顾客；若既经过替代效应又经过收入效应，则价格的下降就会刺激原有的顾客购买更多的商品。

于是，客运需求也受到人口数量变化影响，一般来说，人口越多运输需求也应该越大，但两者的增长变化比例可能是不一样的，客运周转量的这种快速增长除了人口增加的因素之外，一方面是平均每个人的出行次数越来越多，另一方面是出行的距离越来越远。

（四）出行偏好

即使在同样的收入水平上，有人可能爱好外出旅游，但也有人可能更偏重文艺和体育方面的享受，有人出远门喜欢乘飞机，但也有人就喜欢坐火车，有人热衷于拥有并随时使用新型轿车，甚至把这作为自己身份或个性的标志，但也有人宁愿多骑自行车，以便实现自己关注环保的意愿……这就是人们喜好或嗜好的不同。尽管在经济学中找不到关于喜好的准确定义，也很难将其精确地数量化，但它对于运输需求的影响还是很广泛和重要的，应该在需求分析中考虑到这种影响。人们在交通行为中的喜好也是会发生变化的，例如随着收入提高和闲暇时间增多，大多数人还是愿意享受私人小汽车所能给人带来的更多自由和方便。也有学者强调喜好所具有的惯性，认为尽管存在着从众心理，但人和人毕竟不一样，这导致了人们在选择出行行为上的多样化。还有学者甚至分析了人们在交通行为的喜好上存在着"路径依赖"现象，认为一旦做出初始选择，例如个人在大城市郊外购买了住房并使用私人小汽车作为主要交通工具，他就很难再改变一种相对固定的日常交通模式，这种现象对一个城市的交通规划和布局也是类似的。

第 六 章
交通运输供给

第一节　交通运输供给概述

交通运输供给是运输市场中与交通运输需求相对应的一个重要范畴，它影响着运输方式的选择、运输费用的高低以及运输服务质量的优劣等。因此，必须准确理解交通运输供给这个基本概念。

一、交通运输供给的概念

一种物品的供给是指厂商在一定的价格水平下所愿意出售的物品或服务的数量。供给包含两个层次的含义：微观层次上表示一家厂商在一定价格水平下所愿意出售的物品数量；宏观层次上指市场中所有厂商在一定价格水平下愿意提供的物品总量，又称市场供给。因此，交通运输供给的概念也包含着两个层次的含义。

交通运输供给是指在一定的时期内，一定的价格水平下，运输生产者愿意并有能力提供的各种运输产品或服务的数量。在市场经济条件下，交通运输供给的实现必须具备两个条件：一是运输生产者有提供运输产品或服务的愿望；二是运输生产者有提供这种运输产品和服务的能力。缺少任何一个条件，都不能形成有效的交通运输供给。从微观层次上，单个运输生产厂商所愿意提供的运输产品数量与该产品的价格和成本有关。从宏观层次上，运输产品市场总供给取决于市场中该运输产品生产者的数量和每个厂商所能够和愿意提供的产品数量。

与交通运输需求类似，对于每一个具体的交通运输供给来说，一般也包括以下六方面的内容：一是对象，即运输对象，指运输的货种或旅客的类型；二是流量，即运输供给量，指货物或客运供给的规模和数量，通常以货运量（吨）和客运量（人、人次）来表示；三是流向，即货物或旅客空间位移的空间走向，表明货物或旅客来处和去处；四是流程，即运输供给的距离，指货物或旅客进行空间位移的起始地与到达地之间的距离；五是流速，货物或旅客的送达速度，单位时间内平均的位移距离；六是运价，即运输价格，指运输供给者所提出的运输单位货物或每位旅客所需的运输费用。

除了上述六方面内容以外，交通运输供给结构和交通运输供给能力也是交通运输供给的重要内容。

交通运输供给结构主要指公路运输运力、铁路运输运力、水路运输运力、航空运输运力、管道运输运力分别占五种运输方式总运力的比例，它反映了五种运输方式运力之间的数量关系，以及各层次运输服务供给的数量和比例关系。

交通运输供给的能力由交通基础设施和运载设备两个部分构成。铁路、公路、航道、管道等运输线路及车站，港口、机场等交通基础设施形成了交通运输供给的物质技术基础，是运载设备运行的载体；铁路机车车辆、汽车、船舶、飞机等运载设备和运输线路等基础设施共同构成了交通运输的生产能力。虽然在运输管理上，交通基础设施与运载设备的管理可能分离，但是在运输生产能力的形成上，它们是紧密结合、缺一不可的。

二、交通运输供给的分类

交通运输供给按不同的分类依据可划分为不同的类型：

（一）根据运输供给性质分为生产性运输供给和消费性运输供给

运输生产者所提供的货物运输一般来说都属于生产性的交通运输供给，它属于生产过程在流通领域中的继续；运输生产者所提供的旅客运输既有生产性的交通运输供给，也有消费性的交通运输供给。前者包括为旅客外出务工、采购、推销等提供的交通运输供给；后者包括为旅客的休闲、度假、旅游等提供的交通运输供给。

（二）根据运输供给的范围分为个别供给和局部供给

个别供给是指特定的运输生产者在一定时期、一定条件下，愿意并能够提供的运输产品或服务。它属于微观经济的范畴。在市场经济条件下，各个运输生产者由于经济成分和运输方式的不同，提供的产品和服务也会不同。局部供给是指某个地区的运输生产者所能提供的交通运输供给，或者是某种运输方式所能够提供的交通运输供给，它属于中观经济范畴。一般来说，经济发达地区运网密度较大，运输业比较发达，因而交通运输供给能力相对充足；而边远地区、经济落后地区的运网稀疏，运输业落后，所能提供的交通运输供给能力往往是不足的。

（三）根据运输区域分为区域内运输供给、区域间运输供给和过境运输供给

区域内运输供给是指所提供的客货运输的起讫点都在某个特定的区域范围内。

区域间运输供给是指客货运输的起讫点有一方在本地区，另一方则在其他地区，它是区域间建立经济、社会和文化等各方面关系的必要条件。

过境运输供给是指客货运输的起讫点都不在本地区（国家），运输生产者只是利用其自身所处的独特的地理位置和特定的交通线来为别的地区（国家）的旅客或货物提供空间位移的方便，与本地区的经济、社会和文化发展并不发生直接的关系。一般来说，此类交通运输供给在重要的交通枢纽和重要的运输通道上都会大量存在。

三、交通运输供给的基本特征

交通运输业是一种特殊产业，具有不同于其他产业的特点，这使得交通运输供给与一般商品和服务的供给存在一定的区别。交通运输供给的基本特征主要包括以下七方面：

（一）整体性

交通运输供给的整体性特征十分显著，主要表现在以下两方面：

1. 交通运输基础设施的整体性

交通运输基础设施可分为两个部分：运输线路（如铁路、公路、航道、管道等）和线路上的节点（如车站、机场、港口等设施）。这些基础设施是提供交通运输供给的物质技术基础，是运输设备借以运行的载体，它们之间互相配合，构成不可分割的统一整体。基础设施的建设应该统一规划设计，如果设计和规划时没有整体概念，就会造成在一些地区或线路上的供给能力紧张，成为交通运输供给的瓶颈，从而影响整个网络的供给能力。

2. 交通运输设备的整体性

交通运输设备是指能够在一定运输线路上运行，并能在站、港、场等合适的地点停靠的运输工具（包括火车、飞机、轮船、汽车等）。运输设备也具有整体性，比如一台机车的牵引能力为 5 000 t，但这条线路的货运量只有 4 000 t，在没有牵引力为 4 000 t 机车的情况下，只能用牵引力为 5 000 t 的机车去牵引 4 000 t 的货物。

（二）产品不可储存性

交通运输业提供的产品是旅客或货物的位移，运输的生产与消费同时进行，因此，运输产品不可储存，只能储存运输能力。运输需求具有很强的波动性，因此，在一定时期内

相对稳定的运输生产能力很难与运输需求和谐匹配，运输生产难以均衡，运输供求关系随着需求的波动经常发生变化，相应地造成交通运输企业均衡生产和服务质量控制的困难。

（三）外部性

如果某人或企业从事经济活动时给其他个体或社会带来危害或利益，而他们并未因此支付相应的成本或得到相应的报酬，经济学将这种现象称为存在外部性。外部性指个人或企业不必完全承担其决策成本或不能充分享有其决策所带来的收益，即成本或收益不能完全内部化的情形。外部性分为两种类型：正外部性和负外部性。

交通运输具有强大的正外部性，主要体现在发达的运输可以带动周边区域的经济发展。"要想富，先修路"说的就是运输业的这种正外部性，它能使区域繁荣、商品价格下降、地价上扬，产生巨大的经济效益，这是其他商品无法做到的。一条运输线路的开通，会带动沿线很多产业的发展，例如，一条航线的开通会给当地带来旅游业的发展。

同时，交通运输又具有一定的负外部性。由运输活动带来的噪声和对空气、水等的环境污染，能源和其他资源的过度消耗，以及交通阻塞等成本消耗等均可能造成整个社会的经济损失。运输业在获取利润的同时，将成本部分转移到运输业的外部（如消费者和自然环境），即运输业的负外部性。

（四）公共性

交通运输供给的公共性主要表现在以下两方面：

第一，在铁路、公路、航空、水运等运输方式中，都存在着大量的公共资本。这些公益性的基本建设，大都由政府部门来投资。但这引起一些问题：公共资本投资所形成的成本比较难以分摊，一般不在相应运输方式和交通运输企业的营运成本中进行核算，通常所计算的运输成本中大都缺少公共资本所形成的成本。

第二，交通运输供给为全社会提供了"搭便车"的机会。例如，一条交通线路的投入使用，不仅会给附近的工商企业、居民甚至全社会带来诸多直接的方便和好处，使本不能满足的运输需求得到相当程度的满足，而且还会间接地为企业、居民和社会提供更好的经济环境。

（五）效果同一性

交通运输供给是由多种运输方式和多个运输生产者的生产能力共同构成的。几种运输供给方式或多个运输供给者可以对同一运输对象提供空间位移服务，这就是运输供给效果的同一性。运输供给效果的同一性使得运输需求者完全可以根据自己的意愿来选择任何一种运输方式中的任何一个运输供给者。运输供给的效果同一性也可以理解为运输供给的部分可替代性。由于运输供给的效果同一性，在同一方向、具有相同或相似技术经济特征的运输方式或交通运输企业所提供的产品就形成了较强的竞争态势。但是，运输产品在时间、运输方向、运输距离等特征上存在差异，旅客、货主对运输产品服务的经济性、方便程度、快捷程度等质量的要求不同，使得不同运输方式间或同一运输方式中不同交通运输企业间运输供给产品的效果同一性存在一定的局限，其相互之间的替代性受到限制。例如在国际贸易中大宗货物的远洋运输，一般只能选择海路的运输方式。因此，交通运输供给具有部分可替代性，它的替代性和不可替代性是同时存在的，运输市场的供给之间既存在竞争也存在垄断。

（六）不平衡性

交通运输供给不平衡性主要表现在时间上和空间上的不平衡。在时间上，运输需求的季节性不平衡，交通运输供给随运输需求淡旺季的变化而变化，导致交通运输供给出现高峰与低谷供给量的悬殊变化，因此造成交通运输供给量在时间分布上的不平衡。

在空间上，由于世界经济和贸易发展的不平衡性或各地产业的不同特点，或一个国家内部地区之间经济发展的不平衡，经济发达国家（地区）的交通运输供给量比较充分，而经济比较落后的国家（地区）的交通运输供给量则相对滞后。交通运输供给需求要远远大于其他生产的不平衡性还表现在运输方向上，例如，矿区对外运矿（如煤）的运力需求要远远大于其他生产及生活资料的内向运输；为实现供需时空结合，企业要经常付出空载行驶等代价。这种供给与需求之间在时间空间的差异性所造成的生产与消费的差异，使交通运输供给必须承担运力损失、空载行驶等经济上的风险。

可见，在现实的运输服务过程中，交通运输供给与运输需求并不能完全匹配，交通运输供给或者满足不了需求，或者在满足运输需求的同时还有供给过剩。交通运输供给的平衡是暂时的、相对的，而不平衡是长期的、绝对的。

（七）网络经济性

在经济学中，规模经济是指当固定成本可以分摊到较大的生产量时产生的经济性，是指随着厂商生产规模的扩大，其产品的单位成本呈现下降趋势。范围经济是对多产品进行共同生产相对于单独生产的经济性，是指一个厂商由于生产多种产品而共同使用相关生产要素后所产生的成本节约。

交通运输业是以交通运输网络为基础的产业，从经济学角度来看，运输业的网络经济是由其规模经济和范围经济，以及它们的转化形态——运输密度经济、幅员经济共同构成。交通运输供给的规模经济，是指随着网络上运输总产出的扩大，平均运输成本不断下降的现象。运输业的范围经济，是指某一运输企业或某一运输网络或载运工具与分别生产每一种运输产品相比较，共同生产多种运输产品的平均成本可以更低的现象。交通运输供给的网络经济则是指在交通运输供给网络中，由于规模经济与范围经济以及运输密度经济和幅员经济的共同作用，运输产量的增加引起单位运输成本降低的现象。

第二节　交通运输供给分析

交通运输供给由五种运输方式共同提供，其合理分工是各种交通运输供给方式扬长避短、发挥优势的必要途径。尽管各供给方式不同，但都是运输总供给的组成部分，且经济活动十分复杂，运输需求的广泛性、多样性与交通运输供给的整体性决定了每一种运输需求并不可能与某一供给方式的优势领域完全吻合。随着经济的发展，运输需求更加多样化，这在客观上就要求有更加适应需求多样化发展的"组合供给"，即通过各种交通运输供给方式之间的协作，充分发挥综合交通运输供给的优势，以满足多样化运输需求。

一、各种运输方式的技术经济特征

五种运输方式的技术经济特征不同，各自的优势领域也有所差别，因此，充分认识各种运输方式的技术经济特征，对于有效地整合交通运输供给能力、使其发挥最大的作用是十分必要的。

（一）铁路运输的技术经济特征

铁路运输是指利用机车、车辆等技术设备沿铺设轨道运行的运输方式。

1. 铁路运输的优势

（1）铁路运输能力大，适合大宗货物的长距离运输。

（2）铁路运输受气候和自然条件影响较小，运输的通用性、连续性能好，与其他运输方式相比，在运输的准时性方面具有较强的优势。

（3）铁路运输成本较低。铁路运输成本略高于水运，但明显低于公路和航空。

（4）铁路运输的运输速度较快。我国铁路旅客列车在一些区间上最高速度已可达到每小时300多千米。随着我国客运专线和高速铁路的建成，我国铁路运输的速度将大大提高。

（5）铁路运输适用性较好，可以方便地实现驮背运输、集装箱运输及多式联运。

2. 铁路运输的劣势

（1）铁路按列车组织运行，在运输过程中需要有列车的编组、解体和中转改编等作业环节，占用时间较长，因而增加了货物的运输时间。

（2）铁路运输中的货损率比较高，而且由于装卸次数多，部分种类货物货损货差通常也比其他运输方式多。

（3）除了托运人和收货人均有铁路专用线外，铁路运输一般不能实现"门到门"运输，通常要依靠其他运输方式配合，才能最终完成运输任务。

（4）铁路运输的建设投资较大，固定成本较高，建设周期长，占用土地较多。

铁路运输主要适合承担大宗货物的中、长距离运输，以及散装货物（如煤炭、金属、矿石、谷物等）和罐装货物（如化工产品、石油产品等）的运输；大批量旅客的中、长途运输；货物的集装箱运输。

（二）公路运输的技术经济特征

公路运输是继铁路和水运之后发展的运输方式，公路运输在 20 世纪 60 年代之后的发展使世界上一些经济发达国家改变了一个多世纪以铁路运输为中心的局面，公路运输在各种运输方式中的地位日益增强。公路运输的迅速发展，与公路运输的技术经济特征密不可分。

1. 公路运输的优势

（1）公路运输速度快。公路运输在途中不须中转。运输距离在 200 km 以内时，公路运输的运送速度平均比铁路运输快 4~6 倍，比水运约快 10 倍。

（2）公路运输灵活性好。汽车运输既可以成为其他运输方式的接运方式，又可自成体系，机动灵活，可以满足多方面的运输需求。汽车的载质量适应范围很大，小的只有0.25 t，大的有几十吨、上百吨，汽车运输对客货批量的大小具有很强的适应性。

（3）公路运输建设原始投资少，经济效益高。公路运输建设投资较小，且资金流动周期短，一般公路运输投资每年可以周转 1~2 次，而铁路运输投资 3~4 年才周转 1 次。

（4）汽车驾驶技术容易掌握。培训汽车驾驶员一般只需半年左右的时间，而培养火车、轮船及飞机驾驶员需要几年时间。相比较而言，汽车驾驶技术比较容易掌握，更具普及性。

2. 公路运输的劣势

公路运输也存在一些问题，主要是单位运输成本较高，运行的持续性差；油耗大、环境污染比其他运输方式严重；客运的舒适性较差；交通事故的发生率较高。

公路运输主要适合承担的运输类型有：在经济运距内，主要承担中短途运输任务，由于高速公路的快速发展，汽车运输从短途逐渐形成短、中、长途运输并举的局面；公路运输可以实现"门到门"服务，补充和衔接其他运输方式，当其他运输方式担负主要运输任务时，由汽车担负起点和终点处的短途集散运输，完成其他运输方式达不到地区的运输任务。

（三）水路运输的技术经济特征

水路运输是指利用船舶在江河、湖泊、人工水道以及海洋上运送旅客和货物的一种运输方式。水路运输按其航行的区域，大体可划分为海洋运输和内河运输两种类型，水路运输发展历史十分悠久，在现代运输中发挥着重要的作用。

1. 水路运输的优势

（1）水路运输投资少。水路运输可以利用天然水道，基础设施建设投资少，其投资每公里仅相当于公路建设和管道铺设所需投资的 10%，相当于铁路投资的 4%。与其他运输方式相比，水运对货物的载运和装卸要求不高，占用土地较少。

（2）水路运输载运量大、航道通过能力强。船舶的最大载运量为几十万吨，一艘万吨级轮船的载运量相当于 36 列火车的载运量。随着各种专用船、兼用船、多用途船、集装箱船和滚装船等新型船舶的出现和发展，水运的运输能力进一步提高。海运航道的通过能力较强，如马六甲海峡可供 20 万吨级的巨轮通过，内河航道的通过能力虽然不及海运，但也十分强大。

（3）水路运输成本低，节省能源。水运是各种运输方式中成本较低的一种，尤其是大宗货物的长距离运输，成本更低。水运消耗单位功率、单位燃料、材料、单位劳动力所获得的运量高于铁路、公路和航空。水运在完成较大运量的同时也节省了能源。

2. 水路运输的劣势

（1）船舶平均航行速度较低。

（2）水路运输生产过程受自然条件影响较大，其中气候条件的影响尤其大。因而水运呈现较大的波动性和不平衡性。

（3）水路运输直达性差，一般需要与其他运输方式配合才能完成运输全过程。

（四）航空运输的技术经济特征

航空运输，是使用飞机及其他航空器运送人员、货物、邮件的一种运输方式，具有快速、机动的特点，是现代旅客运输，尤其是远程旅客运输的重要方式。同时，航空运输也是国际贸易中的贵重物品、鲜活货物和精密仪器等货物的重要运输方式。

1. 航空运输的优势

（1）航空运输速度快

速度快是航空运输最突出的特点，由于高层空域较少受到自然地理条件限制，航空运输可以按直线飞行，运输距离最短。

（2）航空运输舒适性好

航空运输的舒适性表现在两方面：一是航空运输时间短；二是飞机的飞行高度较高，一般在 1 万米左右，不受低空气流的影响，飞行平稳。新型客机客舱宽敞、噪声小，并配有娱乐设备，舒适程度大大提高。

（3）航空运输安全性高

航空运输诞生初期，安全性较低，随着技术的进步，航空运输的安全性已大幅提高，虽然航空运输发生安全事故最为严重，但以单位客运周转量或单位飞行时间死亡率为衡量标准，航空运输的安全性较高。

（4）航空运输时效性强

航空运输的时间价值高，使其显示出独特的经济价值。

2. 航空运输的劣势

（1）航空运输成本、运价高

从经济方面来讲，航空运输的成本及运价均高于铁路、公路和水运，是一种价格较高的运输方式，因而在各种运输方式中占有的市场份额相对较小。

（2）航空运输受气候条件限制

在保证安全的前提下，航空运输对飞行的条件要求很高，在一定程度上受气候条件限制，从而影响运输的准时性和正常性。

（3）航空运输可达性差

在通常情况下，航空运输难以实现客货的"门到门"运输，必须借助其他运输方式转运。

航空运输主要承担的运输类型有：中长途旅客运输，目前国际客运联系基本上依赖航空运输；鲜活易腐等特种货物以及价值较高或紧急物资的运输；邮政运输；多式联运；旅游类运输。

（五）管道运输的技术经济特征

管道运输是利用管道，通过一定的压力差实现液体或气体货物运输的一种运输方式。

1. 管道运输的优势

（1）管道运输运量大。不同于车、船等其他运输方式，输油管道可以连续运行。一条直径为 720 mm 的管道每年可以输送石油 $2\,000\times10^4$ t 左右，直径为 1 220 mm 的管道每年输送原油可达 1×10^8 t 以上。

（2）管道运输建设周期短、占地面积少，受地理条件限制少。管道建设的周期不到铁路的 1/2，4 000 km 的西气东输管道可在 3 年多的时间内建成。埋在地下的管道建成之后，90% 的土地可以继续耕种，其占地只有铁路的 1/9。管道的铺设可以穿过河流、湖泊甚至海洋，也可以翻山越岭，对地形地势的要求低，因此利于选择最优路径，缩短运距。

（3）管道运输安全可靠、连续性强，对环境污染小。由于石油天然气易燃、易爆、易挥发、易泄漏，采用管道运输方式，既安全，又可以大大减少挥发损耗，同时由泄漏导致的对空气、水和土壤污染也可大大减少。由于管道埋藏在地下，其运输过程受气候条件影响小，可以确保运输系统长期稳定地运行。

（4）管道运输能耗少、成本低、效益好。运量巨大时，管道运输的运输成本与水运接近，因此，在无水的条件下，管道运输是一种最节能的运输方式。管道运输是一种连续工程，运输系统不存在空载行程，因而系统的运输效率高，理论分析和实践经验已证明，管道口径越大，运输距离越远，运输量越大，运输成本就越低。

（5）管道运输劳动生产率高。现代化的油气管道设备可靠性高，均可远程控制，站场无须人员值守，因此劳动生产率高。

2. 管道运输的劣势

管道运输不如其他运输方式灵活，承运的货物品类也比较单一，不容易随便扩展管线。除了专用管线外，一般要与铁路运输、公路运输和水路运输配合才能完成全程运输任务。

管道运输主要担负单向、定点、量大的流体状货物运输。另外，在管道中利用容器包装运送固态货物（如粮食、砂石等），也具有良好的发展前景。

二、交通运输供给的影响因素分析

影响交通运输供给的因素有多方面，下面主要从宏观和微观的角度来进行分析。

（一）经济因素

一个国家或地区的经济状况直接影响着交通运输供给的发展，是交通运输供给发展的基本条件。纵观世界各国，运输业发达、交通运输供给水平高和运输能力强的国家，往往是经济发展水平高的发达国家，而广大的发展中国家，大多是运输业落后、交通运输供给短缺的国家。就一个国家交通运输供给的发展历程可以看出，交通运输供给的能力和水平是受限于本国当时的经济发展总水平的。国家或地区的经济水平发展得越高，越有可能有更为充裕的资金来支持运输基础设施建设和运输设备的制造。从一个国家不同地区的局部交通运输供给也可以看出上述规律性：如我国的珠江、长江三角洲地区，京津塘地区，辽东半岛，山东半岛等既是经济发达地区，也是交通运输供给水平较高的地区，在这些地区运输基础设施及运输设备都较为齐全、运网密度较大、配套水平较高、供给能力较强。经济发展为交通运输供给的发展奠定了基础，经济发展水平、对未来经济发展的预测以及自然环境条件决定了交通运输供给发展的规模和程度。

（二）技术因素

科学技术是推动社会发展的第一生产力，也是推动社会运输业发展的第一生产力。技术进步包含两层含义：一是生产某种产品新的更有效方式（包括生产产品新的方法）；二是经济组织、营销和管理方式的改进。技术进步对于生产效率的提高主要反映在获得相同数量产出的条件下，需要的资本和劳动投入得到了节省。

技术对于交通运输供给的影响主要表现在交通基础设施和运载设备的技术水平以及管理水平上。用先进技术建设的高等级公路、铁路线、车站、码头等交通基础设施，可以迅速地增加交通运输供给能力。运输设备的革新，使交通运输供给从小运量、低运能、低速度，发展到大运量、大牵引力、高速度，大大提高了运输生产效率，降低了运输成本，提高了运输服务质量，提高了运输生产的组织管理水平，从而提高了交通运输供给的能力。因此，将先进的科学技术应用到运输业中必然会提高交通运输供给的能力。

（三）市场价格因素

市场价格因素对交通运输供给的影响主要体现在运输产品价格以及与运输相关的市场价格等方面。运输产品价格是影响交通运输供给的重要因素。运输产品市场价格的上升会刺激社会资源向运输领域转移，使船舶、车辆等运输工具的建造增加，交通运输供给得以提高。反之，运输市场萧条，大量运输工具报废或者解体，交通运输供给减少。在其他条件不变的情况下，运输产品价格与交通运输供给量呈现同方向变化的趋势。运输的相关市场如运输工具的制造市场、运输工具的买卖市场等，其价格也将影响到运输市场的供给能力。

第三节 交通运输供给网络经济特性

交通运输业是以交通运输网络为基础的产业，其网络包括交通运输基础设施网络、交通运输设备运营网络以及交通运输信息资源网络。从经济学角度来看，运输业的网络经济是由其规模经济和范围经济以及它们的转化形态——运输密度经济和幅员经济共同构成。交通运输供给的网络经济则是指在交通运输供给网络中，由于规模经济与范围经济以及运输密度经济和幅员经济的共同作用，运输产量的增加引起单位运输成本降低的现象。

一、交通运输业网络经济效应

交通运输业是以交通运输网络为基础的产业，交通运输网络既有网络自身的一般特性，又具有交通运输网络的系统特性。从组成来讲，交通运输网络可分为三部分：一是由交通运输基础设施组成的交通运输基础设施网络，即通常所指的交通运输实体网络；二是由交通运输线路与运输移动设备共同组成的交通运输设备运营网络；三是由各种交通运输信息资源组成的交通运输信息资源网络。从分布来讲，交通运输网络是由以城市为中心的交通运输枢纽和各种交通运输线路共同布局连接构成的网络系统，它为社会经济提供客货运输服务，属于双向网络系统。

交通运输业是网络经济学的重要研究对象。在运输网络中，其耐用物品是运输的固定设施，如铁路、公路、港口、机场等；其相关工具是移动载运工具，如火车、汽车、船舶、飞机等；相关服务则是与固定设施及载运工具有关的操作和维护；其功能是完成货物与旅客的位移。运输网络需求方是网络各节点上的用户，供给方则由网络固定设施、移动载运工具及相关服务的提供者组成。运输功能需要网络中具有互补性的组成成分共同完成，如机车必须在轨道上运行，飞机需要在机场起降，这就使运输网络中相关的固定设施、移动载运工具形成了互补性；在对货物或旅客进行多程运输时，完整的运输服务需要各种运输网络共同完成，这些运输网络之间也构成了互补性。这种组成结构上的特点，使交通运输业与其他网络型产业一样具有了显著的网络经济效应。从经济学角度来看，运输业的网络经济是由其规模经济和范围经济以及它们的转化形态——运输密度经济和幅员经济共同构成。

交通运输产业与其他网络型产业的主要区别在于：首先，运输网络往往由多个主体共同构成和运营，并且其固定设施等某一部分通常属于公共所有；而其他网络，如电信网络等，通常假定由一家企业所有。运输网络这种主体构成的特点，使其难以通过价格机制实现网络经济效应的内部化，因此我们对交通运输中的网络经济效应与网络外部性不加以具体区分。其次，与其他网络，如信息网络的巨大容量相比，运输网络的容量有限。这促使交通运输供给方通过一定的运输网络结构和运输生产组织方式，加强对运输能力的利用，提高运输生产的效率，降低单位运输成本，从而使运输网络在生产者的生产组织上，即运输供给上体现出了更多的网络经济特性。此外，通过组织与协调运输网络中具有互补性组成成分之间的兼容性、可连接性与协同性等，保证运输功能实现的同时，使运输网络中互补性组成成分之间的可选择性更强，组成成分之间的替代性更加突出，从而使运输网络具有较强的适应性。

二、交通运输供给网络经济构成及特征

（一）交通运输供给网络经济构成

交通运输供给的网络经济是指在交通运输供给网络中，由于规模经济与范围经济及其转化形态——运输密度经济和幅员经济的共同作用，运输产量的增加引起单位运输成本降低的现象。交通运输供给的网络经济特性促使交通运输供给、运输组织和运输网络结构发展变化，以实现交通运输供给的网络经济效益最大化。

由于交通运输业多产品的特点，运输供给的规模经济和范围经济几乎无法分开，它们通过交叉共同构成了运输业的网络经济。运输供给的规模经济指运输网络上运输总产出的扩大，引起平均运输成本不断下降的现象，包括了运输网络的幅员即线路长度及节点数量的增加所引起的平均运输成本的下降，以及运输产出的增加所引起的平均运输成本的下降。运输供给的范围经济，是指某一运输企业或某一运输网络或载运工具（如线路、节点、车辆和车队等）同时生产多种运输产品的平均成本，可以比分别生产某一种运输产品所需的成本更低的现象。

运输网络的规模经济主要体现在其密度经济上。运输网络的密度经济是指在运输网络幅员保持不变的情况下，由运输产出的增加所引起的平均运输成本下降的现象。运输网络中固定成本与可变成本的比例通常很大，其边际成本很低，而且运输设施投入上的技术特性往往导致其运输能力超前于运输需求的发展，因此在实际中一般都存在显著的密度经济。而在网络上的运输密度保持不变时，随着运输网络幅员广大而增加的运输总产出引起平均成本不断下降的现象，就是指运输网络的幅员经济。

交通运输供给网络经济还有一些其他的具体表现：线路通过密度经济指在某一条具体运输线路上由运输密度的增加引起平均运输成本不断下降的现象；特定产品的线路密度经济，是线路通过密度经济中的特例，指某一特定运输产品，例如在特定起讫点之间运输的

特定货品，其运输产出的增加引起平均运输成本不断下降的现象；载运工具载运能力经济，指由单个载运工具载运量的增加引起平均运输成本不断下降的现象；车队规模经济，指车队规模扩大引起平均运输成本不断下降的现象；港站（枢纽）处理能力经济，指由运输供给网络上港站吞吐及中转客货量、编解列车、配载车辆、起降飞机、停靠船舶等能力的提高引起平均运输成本不断下降的现象；运输距离经济，指由运输距离的延长引起平均运输成本不断下降的现象。

交通运输供给的网络经济，由其规模经济和范围经济及其转化形态运输密度经济和幅员经济共同构成。运输密度经济，包括线路通过密度经济、载运工具载运能力经济、车队规模经济、港站（枢纽）处理能力经济，主要属于规模经济范畴（这种规模经济可能需要多运输产品的范围经济支持），除了因幅员广大在一定程度上产生运输距离经济属于规模经济范畴外，其服务网点增多必然产生更多不同运输产品，因此其主要属于范围经济范畴。单纯的运输密度经济应该在运输网络幅员保持不变的条件下进行分析；单纯的幅员经济应该在组成网络的各线路运量密度不变的条件下进行分析。但通常两种情况同时发生变化，此时运输密度经济与幅员经济同时存在，也即运输总量增加的规模经济与运输产品增加的范围经济共同作用的结果。

（二）交通运输供给网络经济特征

交通运输供给网络有三个组成部分：交通运输基础设施网络（交通运输供给实体网络）、交通运输设备运营网络以及交通运输信息资源网络。交通运输供给实体网络和交通运输设备运营网络是共同作用提供交通运输供给服务的，两者网络经济特征基本相同，因而两者作为一个整体进行分析。交通运输信息资源网络是在货物运输过程中，通过射频识别、红外感应器、全球定位系统、激光扫描器等信息传感设备，按约定的协议，把任何货物与互联网相连接，进行信息交换和通信，以实现对货物的智能化识别、定位、跟踪、监控和管理的一种网络。因此，从交通运输供给实体网络和运营网络整体以及交通运输信息资源网络两方面分析其网络经济特征。

1. 交通运输供给实体网络和运营网络的网络经济特征

（1）规模经济和范围经济交叉作用

运输供给网络的规模经济主要与运输产出的数量有关，而运输供给网络的范围经济则主要与运输产出的品种有关。对不同起讫点的货物或旅客的运输在运输业则属于不同种类的产品，当运输供给网络中某条线路上的运输生产中同时包含了不同起讫点的货物或旅客时，就实施了对多种产品的共同生产。在一定运输需求和运输能力条件下，对不同起讫点货物及旅客的合并运输所增加的密度经济效应，如果能克服间接运输货物或旅客的绕道运输及装卸等活动所产生额外成本时，就能降低运输网络中不同节点之间运输的平均成本，取得运输中的范围经济。从交通运输供给网络的幅员大小来看，在一定的运输范围内，运输企业具有供给线路越长或网络覆盖区域越大，单位运输成本越低；从交通运输供给线路的通过密度上来看，在一定距离的供给线路上，交通运输供给线路上具有的运输量越大，就会引起该供给线路的单位运输成本越低；从单个运输设备的载运能力来看，在不超过载运工具的载运能力内，载运能力越大，单位运输成本越低。

（2）边际效益递减

边际效益递减是经济学的一个基本概念，指的是在一个以资源作为投入的企业，单位资源投入对产品产出的效益是不断递减的，换句话，就是虽然其产出总量是递增的，但产出增长速度不断变慢，使得产出总量最终趋于峰值，并有可能衰退。边际效益递减规律是指当其他投入要素的量保持不变时，如果一种投入要素不断地等量增加，则在超过某一点后其产出的增量会越来越小。当一个地区对某种运输产品需求量较大时，单位交通运输供给投入产生的经济效益在供给初期最大，随着交通运输供给的增加，对这种产品的需求量逐渐减小时，单位交通运输供给投入产生的经济效益逐渐递减，运输供给网络上所产生的总经济效益会趋于饱和甚至降低。

当其他影响因素忽略不计或者不变时，随着运输服务价格上涨，交通运输供给量随之增加。同时，根据需求曲线，运输价格的上涨必然导致运输需求量的减少，此时运输所产生的边际效益会越来越少。即运输价格越高，交通运输供给量越大，运输需求量越少，边际效益越小；反之，运输价格越低，交通运输供给量越少，运输需求量越大，边际效益越大。

（3）外部性

外部性是指某物品或活动施加给社会的某些成本或效益，而这些成本和收益不能在决定该物品活动的市场价值中得到反映。交通运输供给网络的外部性包含两方面：正外部性和负外部性。正外部性即外部收益，负外部性即外部成本。

外部成本主要包括拥堵成本和污染成本，这些外部成本不是由运输消费者来承担，而是由社会与公众来承担。

①拥堵成本

运输供给者可以在需求量增大的情况下，较少地增加自身成本或者不增加自身成本时增加供给量。这似乎违背了"投入产出"规律，却是运输业独具的特点。运输供给者可以在运价不变、投入不增加的情况下提供更多的供给量，显然存在数量可观的外部成本，这即运输消费者所承受的"拥堵成本"。如交通的拥堵会延误个人计划，带来迟到、延误班机等，给个人带来时间损失和经济损失；同时，货物运输时间的延误，也会给公司和商业活动带来难以预料的损失，如原材料供应中断造成设备的闲置，订单产品无法按时交货带来高额违约金等。

②污染成本

运输供给引起的空气污染、水污染、噪声污染等；引起的能源和其他资源的耗费等。

③外部效益

运输供给也为全社会创造间接效益。如一条交通线路的投入使用，还会间接地为企业、居民和社会提供诸多良好的机会。它会使沿线附近本来贫瘠不毛的土地身价倍增，价格陡涨；它会给工商企业带来良好的商业机会，极大地激发它们的投资热情，紧接着就是沿线工商企业的兴起，房地产价格的上扬，商业的繁荣，文化教育事业的发达等，为经济、社会和文化的发展沿着"点—轴—带"模式向外扩张，创造各种有利的机遇。

在交通运输供给过程中要尽量减少负外部性，增加正外部性，使交通运输供给的网络经济效益最大化，有利于交通运输产业和经济社会的可持续发展。

2. 交通运输信息资源网络的网络经济特征

交通运输信息资源网络类似于物联网，是一种建立在计算机网络基础之上，以新一代信息技术为核心的网络形态，也是现代化运输网络的重要组成部分。

（1）实时性和快捷性

首先，交通运输信息资源网络突破了地域限制，利用信息网络连为一体，使交通运输供给信息实时呈现在供应商或者消费者面前。比如网络平台购买火车票，消费者可以在官方网站上根据自己的出行需求，选择相应的火车车次，利用网络支付平台便捷付款，在火车站随时自动取票，免去了火车站排队购票的烦恼。其次，交通运输信息资源网络突破了传统工作时间约束，使人们可以在更小的时间跨度上进行信息传输、经济往来。网络经济可以 24 小时不间断运行，使经济活动更少地受到时间因素制约。最后，信息网络经济是一种速度型经济。现代信息网络可以光速传输信息，使网络经济以接近于实时的速度收集、处理和应用交通运输供给信息，快捷性大大提高。

（2）边际效益递增

边际效益随着生产规模的扩大会现出不同的增减趋势。在工业社会物质产品生产过程中，边际效益递减是普遍规律，因为传统的生产要素——土地、资本、劳动都具有边际成本递增和边际效益递减的特征。与此相反，信息网络经济显现出明显的边际效益递增性。其原因主要在于以下两方面：

①信息网络经济边际成本递减

信息网络成本主要由三部分构成：网络建设成本、信息传递成本以及信息的收集、处理和制作成本。信息网络可以长期使用，并且其建设费用与信息传递成本及入网人数无关，所以前两部分的边际成本为零，平均成本有明显递减趋势。只有第三种成本与入网人数相关，即入网人数越多，所需收集、处理、制作的信息也就越多，这部分成本就会随之增大，但其平均成本和边际成本都呈下降趋势。因此，信息网络经济的平均成本随着入网人数的增加而明显递减，其边际成本则随之缓慢递减，但信息网络经济的收益却随入网人数的增加而同比例增加，网络规模越大，总收益和边际收益就越大。

②信息网络经济具有累积增值性

在信息网络经济中，对信息的投资不仅可以获得一般的投资报酬，还可以获得信息累积的增值报酬。这是由于一方面信息网络能够发挥特殊功能，把零散而无序的大量资料、数据、信息按照使用者的要求进行加工、处理、分析、综合，从而形成有序的、高质量的信息资源，为经济决策提供科学依据。同时，信息使用具有传递效应，信息的使用会带来不断增加的报酬。即在信息成本几乎没有增加的情况下，信息使用规模的不断扩大可以带来不断增加的收益。这种传递效应也使信息网络经济呈现边际收益递增的趋势。

（3）可持续发展的经济形态

随着信息技术的进步和发展，交通运输供给中的传统经济交易形态——面对面交易，所消耗的资源和能源越来越不适合可持续发展社会的新理念。网络经济赖以发展的主要资源是信息资源，是一种可再生资源：一条信息成千上万的人可以同时共享。现今的网络经济交易，消耗的资源和能源与传统的面对面交易比起来要少得多，而效率却是传统经济交易的几倍、几十倍、几百倍甚至几千倍。信息网络节约资源和提高效率的实质性特点，突破了传统经济不可持续发展的增长极限。近些年，电子商务和物联网的兴起和发展，更是有力地促进了这种可持续发展的经济形态的发展。

三、影响交通运输供给网络经济的因素

影响交通运输供给网络经济的因素主要包括以下四方面：

（一）交通运输供给网络的连通度和便捷性

公路、铁路、水运、航空和管道五种运输方式各自形成运输网络，各种运输方式的交通运输供给网络的连通度直接影响交通运输供给线路的长度、运输时间和运输成本，这将直接或间接地影响到交通运输供给的网络经济。此外，各种运输方式运输网络之间的连通与衔接也十分重要。随着交通运输供给网络的发展，综合运输的发展模式在交通运输供给中占有重要地位，在追求交通运输供给网络经济效益最大的目标下，对各种运输方式及各

种运输网络之间的连通与衔接提出了更高要求。

（二）交通运输供给方式的选择

在交通运输供给过程中，根据供给数量、货种、运输距离、运输需求选择相适应的运输方式很重要，直接影响到运输成本的控制。例如，当交通运输供给数量较大且运输距离大于 500km 时，适宜选择铁路运输的方式，此时，如果采用公路运输，所耗的运输成本和产生的网络经济的负外部性比选择铁路运输大得多。又如，中国花市的鲜花需要从南美进口，由于鲜花是特殊物品并且保鲜时间很短，须采取航空运输，如采取水路运输的方式，将会得不偿失。因此，根据相应情况选择适当的交通运输供给方式很重要，同时应注重各种交通运输供给方式之间的衔接和配合，有效地利用综合运输方式的优势。

（三）交通运输供给网络的信息传递效率

这里的交通运输供给网络的信息传递效率主要是指交通运输供给信息资源网络的信息传递效率。当信息传递效率变慢或者不畅时，将直接影响交通运输供给的服务水平、运输决策和运输需求者的满意度，间接影响交通运输供给商与运输需求方的可持续合作，从而波及整个交通运输供给网络经济的效益。随着社会经济的快速发展和运输生产、经营、消费等方式的转变，对信息传递效率的要求将越来越高，如何提升交通运输供给网络的信息传递效率，是值得思考的问题。

（四）交通运输供给的政策支持

交通运输业的发展离不开国家和地区的政策支持，并且随着经济社会的发展，国家经济发展战略将倾向于扩大内需，大量的交通基建项目的开展是扩大内需的重要措施之一。因此，应制定有利于交通运输供给发展的政策措施，建立合理的运输管理体制，支持和促进交通运输业的可持续发展，进而促进整个运输经济的繁荣。

除了以上四个交通运输供给网络经济的主要影响因素之外，还有运力的大小、运输成本、市场划分等因素。交通运输供给的数量、经济运距、运力大小三者最终决定采取何种交通运输供给方式，得到相应的交通运输供给网络经济效益。运力的大小是采用某种运输方式的运输能力，运输成本决定最终的运输定价，决定了交通运输供给网络经济的投入与产出效益，市场的划分会影响交通运输供给的规模经济、范围经济、密度经济，对交通运输供给的网络经济效益产生直接影响。

四、提高交通运输供给网络经济效益的措施

（一）优化交通运输供给网络结构，促进综合运输网络的形成

交通运输规划和管理部门可以主导优化交通运输供给实体网络，优化相关交通基础设施设备，提高交通基础设施的服务水平，为交通运输供给企业提供便利。同时，交通运输供给企业在现有的交通运输供给实体网络上，根据货物的品种、数量、要求等因素，合理地选择交通供给方式，优化自身的供给线路和网络，提高交通运输供给服务水平，降低运输成本，提高企业核心竞争力，增加交通运输供给网络经济效益。此外，交通规划部门应注重综合运输网络的规划，同时运输企业应合理利用综合运输网络资源，发挥综合运输网络的优势，这也是运输网络经济效益最大化的有效途径。

（二）加强现代信息技术的推广应用

21世纪是信息时代，各行业的发展和进步都离不开先进的信息技术，交通运输行业也不例外。近几年，随着智能交通运输系统（ITS）兴起、发展和应用，交通运输业发生了深刻变革。信息技术水平的提高为不断形成和提高运输供给网络经济效应创造出有利条件，并创造更大的发展空间。应出台有关推动运输新技术的措施和政策，比如采用新的设备，实施运标准化以及规模化，使用先进的运营模式，积极发展集装箱运输、快速运输等，从根本上推动发展交通运输供给网络，提高交通运输供给网络经济效益。

（三）开展协同配送，促进交通运输供给集约化发展

协同配送就是把过去按不同货主、不同商品进行的分别配送，改为不区分货主和商品集中运货的"货物及配送的集约化"，也即把货物都装入在同一条路线运行的车上，用同一台卡车为更多的顾客运货。协同配送的目的在于最大限度地提高人员、物资、金钱、时间等物流资源的使用效率，降低成本，取得最大效益，并取得缓解交通状况、保护环境等社会效益。

一方面，运输供给所具有的网络经济可以通过调整运营结构，特别是合并运量和共用固定设施与载运工具，达到降低运输成本、提高运输效率的作用；另一方面，很多的运输企业由于自身规模较小，在选择运输线路的时候往往具有明显的地域选择性，只选择一条或几条运输线路，在范围过大的时候则需要与别的交通运输供给企业联合运送。因此应运用现代信息技术和运输组织与管理的相关理论，以及对运营机制的不断创新，使得远距离运输线路节点上运输企业间的横向联合成为可能，实现对交通运输供给网络的最大利用，

以取得交通运输供给网络经济最大的效益。

（四）加大交通运输发展政策支持力度，健全管理体制

从国家发展层面来看，交通运输业是国民经济发展的重要基础产业，相关部门应根据交通运输业的经济功能和社会功能，依据国家发展规划，制定合理的交通运输发展政策，支持交通运输业的发展，实现交通运输产业的可持续发展；从地区发展层面来看，各地区相关部门应该在国家政策方针基础之上，详细制定适合本地区交通运输业发展的具体政策措施，刺激和支持本地区的交通运输业的发展，并与其他各地区的交通运输业发展相协调，使交通运输经济良性发展。

第 七 章
交通运输与可持续发展

第一节　交通运输可持续发展思想

一、概述

作为国民经济的基础产业，交通运输业的发展将对可持续发展产生非常重要的影响。一方面，交通运输业的发展有利于国民经济的成长；另一方面，交通运输业的发展将占用一定的资源，排放一定的污染，从而影响资源供给的可持续性和环境的质量。从可持续发展的需要出发，我国的运输总量和运输结构必须发生变化。

交通运输业具有建设周期和运行寿命长，产业关联性强等特性。一些项目的建设和运营，关系着国民经济的长远发展，关系着国家的经济安全和军事安全。因此，必须制定国家的交通运输战略。这一战略必须体现交通运输业将向一体化、综合化、系统化方向发展的要求，必须明确政府、市场、企业在交通运输业发展方面的作用与分工，必须体现服务产业不断对外开放的时代特征。

我国虽然已处于工业化过程的中后期，但各类交通运输等基础设施还未得到充分发展，还未能充分满足经济与社会持续发展的需要。传播信息的通信设施并不能替代运输物流的交通运输。因此，研究交通运输的发展战略以加速我国的经济、社会发展，具有十分迫切而重要的意义。

在全世界已普遍认识到可持续发展与社会发展的时代，我们也必须更新观念来研究我国的交通运输发展战略。这一观念的更新包括两方面：一是交通运输所促进的发展，是可持续的经济与社会发展，我们需要更新发展的概念，即在考虑交通运输发展战略时，要克服交通运输业发展过程中可能产生的环境问题及社会问题；二是交通运输业本身的发展应是可持续的，即在交通运输业的发展研究中，要考虑其持续的竞争力。不仅交通运输基础设施的建设与维护需要政府的大量开支，交通业还带来沉重的社会费用，如噪声、空气污染、能源与自然资源的消耗形成了沉重的环境负担。运输业排放的二氧化碳会产生温室效应，而道路运输所产生的二氧化碳，排放量占了交通运输业排放总量的80%以上，一氧化氮排放量占了总量的60%。干线电气化铁路电磁辐射干扰强度的增加；清洗装载工具和燃料的泄漏对水体的污染，装载工具中的各种化学物品、有毒物质的残留废弃物和旅客抛弃的垃圾和排出的粪便等对当地和沿途的污染；交通基础设施建设过程中的污染性和非污染性（如对水循环、生物链的影响）破坏。几乎所有机动化运输都对环境有不良影响，但轨道交通、内河航运，较公路运输有较小的环境影响。分析交通运输对环境的影响时，需要区别不同的运输方式，也需要区别客运与货运，在此基础上对交通运输做综合的环境影响考虑。国际经验的启示和我们对交通运输与可持续发展的认识，是我们研究交通运输可持续发展的基本出发点。

二、交通运输可持续发展的含义

（一）可持续发展的概念

可持续发展从字面上理解是指促进发展并保证其可持续性。很明显，它包括了两个概念：可持续性和发展。发展不仅是经济的增长或实际收入的增加，还是指人民福利和生活水平的提高，经济增长只是发展的一部分。一个可持续的过程是指该过程在一个无限长的时期内，可以永远地保持下去，而系统的内外不仅没有数量和质量的衰减，甚至还有所提高，可持续性最基本的、必不可少的前提是保持自然资源总量存量不变或比现在的水平更高。

可持续发展是一种特别的从环境和自然资源的角度提出的关于人类长期发展的战略和模式。它并不是在一般意义上所指的一个发展进程要在时间上连续运行、不被中断，而是特别指出环境和自然资源的长期承载能力对发展进程的重要性，以及发展对提高生活质量的重要性。可持续发展是一个动态的概念，它并不是要求某一种经济活动永远运行下去，而是要求不断地进行内部的和外部的变革，即利用现行经济活动剩余利润中的适当部分再投资于其他的生产活动，而不是被盲目地消耗掉。可持续发展的概念从理论上结束了长期以来把发展经济同保护环境与资源相互对立起来的错误观点，明确指出了它们应当是相互联系和互为因果的。

可持续发展是一个涉及经济、社会、文化、技术及自然环境的综合概念。可持续发展主要包括自然资源与生态环境的可持续发展、经济的可持续发展和社会的可持续发展三方面。可持续发展一是以自然资源的可持续利用和良好的生态环境为基础；二是以经济可持续发展为前提；三是以谋求社会的全面进步为目标。只要社会在每一个时间段内都能保持资源、经济、社会同环境的协调，那么这个社会的发展就符合可持续发展的要求。可持续发展不仅是经济问题，也不仅是社会问题和生态问题，而是三者互相影响的综合体。只有能够正确地处理好三者之间的关系，使这三方面协调发展，才可以真正走上一条可持续发展之路。

（二）交通运输可持续发展的内涵

交通运输是社会经济发展的基础，是国民经济得以向前发展的保障。按照当前的普遍认识，可持续发展是指既能满足当代人的需求，又不危及后代人满足其需求的发展，它包含经济可持续性、社会可持续性和环境可持续性。由于在社会与环境可持续性方向都必须考虑成本有效的措施，交通运输业的经济可持续性是可持续交通发展的核心。可持续交通运输要求全面地进行规划，制定能够取得多个目标的战略，使之不仅要优化利用各种运输方式，而且要满足社会经济的发展和人们生活质量提高的需要，同时适当保护和利用自然资源。

交通运输系统作为社会经济系统的一个子系统，它的发展是社会经济可持续发展的一个重要组成部分。综观交通运输与社会经济发展的历史关系，可以说，没有交通运输的发展，就谈不上社会经济的发展；社会经济要实现可持续发展，如果没有一个相应的可持续的交通运输系统支持，社会经济的可持续发展也同样无法实现。因此，为适应社会经济可持续发展的需要，交通运输必须采取可持续发展战略，也就是要求改变传统交通运输发展模式的资源和环境特性，推进交通运输的可持续发展。

根据可持续发展的基本内涵，可将交通运输的可持续发展定义为：交通运输业的发展既要满足当代人的需求，又不危及后代人满足其对交通运输需求的发展。在交通运输发展中，不仅要考虑交通运输本身的经济效果，更重要的是充分考虑运输的外部正效应与负效应，不仅要考虑交通运输对当代（或近期）整个社会经济系统资源配置的影响，而且要考虑到对动态资源合理配置的影响。

可持续交通运输应该包含三方面的内容：①经济与财务可持续性，是指交通运输必须保证能够支撑不断改善的物质生活水平，即提供较经济的运输并使之满足不断变化的需求；②环境与生态的可持续性，是指交通运输不仅要满足人流与物流增加的需要，而且要最大限度地改善整个运输质量和生活质量；③社会可持续性，交通运输产生的利益应该在社会的所有成员间公平分享。可见，可持续运输不但考虑了运输本身的经济效果，而且考虑了运输的外部效用；同时，可持续运输引入了时间观念，不仅考虑运输对当代整个社会的经济系统资源配置的影响，还从动态角度考虑到对资源合理配置的影响。

可持续的交通运输有其鲜明的特点：在生产上，把生产成本与其造成的环境后果同时加以考虑；在谋求社会发展上，把社会的进步确定为第一也是最终目标，节约使用各种资源，使有限的资源支持更大的运输需求；在运输增长方式上，寻求其增长模式从数量型向质量型转变，尽量减少每单位运输经济活动造成的环境压力；在生产目标上，从单纯以生产的高速增长为目标转向以谋求综合平衡条件下的可持续发展为目标。

（三）交通运输可持续发展必须遵循的原则

要实现交通运输的可持续发展，一方面，必须与我国的经济社会发展需求和资源环境容量相适应；另一方面，必须为我国经济社会的持续、健康、快速发展奠定物质基础。在这一总体思想下，我国交通运输的发展应当遵循以下原则：

1. 有利于经济发展的原则

交通运输是经济发展的必要前提。发展交通运输，有利于资源的优化配置和统一市场的形成，促进商品和服务的流通，提高我国参与国际贸易和国际分工的能力；有利于降低生产成本，且能带动相关行业的发展，改善投资环境，吸引外资，增加就业机会等。我国经历了多年的快速增长后，支持增长的条件依然存在，我国仍能保持适度高速的发展，这就需要交通运输能力有一个较大的提高。同时，交通运输基础设施建设也是扩大内需、启动市场的一条重要途径，更能为中长期发展提供基础。

2. 以人为本原则

经济发展的目的是满足人们日益增长的物质文化需要。交通运输领域以人为本就意味着，发展交通运输应以人民的基本利益为重，为公众提供安全、公平、多样化、高质量的服务，以满足他们的各种需要，提高他们的生活质量，使得每个人都能够从发展中获益；以人为本还意味着，应充分注意人力资源开发，加强教育与培训，尊重并充分发挥人的积极性和创造性，动员公众参与到可持续交通运输发展战略和规划的决策和实施过程中，并协助监督可持续发展的进程，尽可能地避免并及时纠正人为的错误。

3. 社会公平的原则

社会公平包括发展机会均等、地区间及不同代人之间的公平等，交通运输的发展要将为人们创造平等的发展机会放在重要位置。缩小地区差别是公平性的一个重要方面。我国由于区位、地理、气候等自然条件以及人文、历史条件差异，各地的发展条件不同，发展基础不同，发展速度不同，从而形成了区域间发展的不平衡以及收入的差距。特别是由于交通条件的差异，目前农村还有相当数量的贫困人口，他们还享受不到现代文明的成就，道路不通，长年处于信息闭塞的状态。因此，交通运输的发展要有利于改善贫困地区的投资环境，从而实现发展机会在时间（当代人和未来人之间）和空间（不同地区、不同收入阶层之间）的公平，实现共同富裕。

4. 提高整体竞争力的原则

交通运输对每一种商品生产都是成本的一部分，如果交通运输费用高，商品价格就会提高，商品就会失去竞争力。国际经验表明，尽可能完备和实用的基础设施是决定一国参与国际竞争的能力的关键因素。因此，交通运输的发展要有利于降低成本，增强制造业的竞争力，并在整体上提高国家的竞争力。提高交通运输效率是提高竞争力的一个重要途径。一是要缩短人员、物品在交通中所耗费的时间；二是优化配置各种交通运输资源，提高资源的利用效率；三是要加强管理，提高服务质量。加强交通运输体系的管理，特别是规范各种交通运输税费的征收，是当前提高经济整体竞争力的另一个重要途径。

5. 资源利用最优化的原则

交通运输是对自然资源依赖度较高的产业之一，交通基础设施需要占用大量土地，交通运输工具要消耗大量能源。各种交通工具对资源的占用是不相同的。我国的资源人均占有量很低，资源节约应成为交通运输发展的基本原则。节约耕地，必须成为交通运输体系建设的一项重要原则。节约能源应当成为交通运输发展的原则之一。

6. 环境友好的原则

交通运输是人类环境的重要污染源之一。交通运输业的发展应遵循在等运量前提下产生的污染负荷最小、对生态造成的损失最低的环境友好原则，大力提倡大气污染小、噪声污染低、生态破坏小、使用清洁能源的绿色交通运输方式，这样才能保障和支撑国家和人类的可持续发展。

7. 保障国家安全的原则

可持续发展的前提之一是国家安全，这是《里约环境与发展宣言》的原则之一，即保障国家主权完整和领土不受侵犯。国家安全包括国防安全、经济安全、社会安全、环境安全等方面。随着技术的进步，现代战争是常规交通运输所不能满足的。因此，交通运输体系的构建应立足于平时的经济建设，但应当与通信等设施建设相互配套，以防在外部入侵或内部洪涝、地震等灾害事件突发时，有利于信息的传递，救援部队的派遣，应急物资的运输，被困人员的疏散等，以保证国家和人民生命财产安全。

8. 系统最优的原则

交通运输体系的构建是一个系统工程，应根据系统最优的原理，进行各种交通运输方式的优化配置，单一交通运输方式内部的合理布局，兼顾社会效益和经济效益的统一，国家利益、地方利益和部门利益的统一。各种交通运输方式之间既竞争又互补，要发挥各自的优势，综合集成，达到系统最优。具体地说，一是要在铁路、公路、航空、管道、水运这五种交通运输方式之间进行合理配置和优化；二是在单种运输方式内部进行合理布局，优化线路的空间布局，避免和克服运力过剩和运力严重不足同时并存的弊端；三是要不断创新，依靠科技进步，开发对环境无害的交通运输工具，提高交通运输中的科学技术水平；四是要实现社会效益和经济效益的统一，国家对那些社会性、公益性的交通运输项目，对国土开发型的、用于国际目的的和用于扶贫目的的铁路、公路或水路等交通运输基础设施项目的建设，要统筹规划，优化管理，超前建设，构建管理科学、竞争有序、优势互补的综合交通运输体系。

三、交通运输对我国可持续发展的战略影响

交通运输作为一个国家经济发展的必要前提，其可持续发展的能力直接影响着经济持续稳定健康的发展。一方面，只有建立发达的交通运输网络，才能有效推动市场经济发展；另一方面，随着经济的增长，运输量的扩大，交通运输的社会成本越来越高，给资源、环境带来的压力已到了不可忽视的地步，影响到人们的生活质量。简言之，交通运输对国民经济发展既具有基础性的作用，又必然给资源和环境带来巨大的压力。

（一）交通运输的发展为我国的经济发展奠定了基础

1. 交通运输的发展满足了我国劳动力资源转移的需要

随着改革开放的不断深入，城镇化和机动化进程的加快，人们的观念发生了很大变化，人口在空间位置上的转移明显增加。一方面，表现为落后地区的剩余劳动力向发达地区转移；另一方面，落后地区的资源优势和开发潜力又吸引了大量高素质的各类专业技术人员和经商人员。这对于吸收农村剩余劳动力，改善人口分布状况和提高落后地区人口素质，缩小不同地区间人们物质生活水平的差距将起到重要的作用。改革开放以来，我国交通运输的发展满足了人口转移的需求，进一步加强交通运输基础设施的建设，形成合理的运输网络布局和各种运输方式的协调发展，将对人口的有序移动产生积极的作用。

2. 交通运输的发展满足了商品和信息流通的需要

在商品经济社会，交通运输是人类赖以生存和发展的基础条件之一。交通运输将社会生产、分配、交换和消费等各个环节有机地联系起来，使人类的经济社会活动得以正常进行，为协调发展提供基础。交通运输的发展疏通和拓宽了流通领域，减少了商品流通的阻碍和迂回，缩短了商品流通的时间，满足了人们对于商品的不同层次的需求。例如，在商

品满足了城市居民的需求后，组织这些商品下乡，不仅可以提高商品的利用效率，减少商品的库存，而且也有利于节约自然资源和资本的消耗，从而实现资源的可持续利用。

3. 交通运输的发展改变了区域发展的不平衡

出于自然条件和其他种种原因，我国区域发展存在绝对差距扩大的问题，而交通闭塞、信息不灵等是贫困地区经济不发达的重要原因之一，要缩小地区间发展水平的差距，发展交通运输是一条重要的途径，有利于从根本上解决好区域经济发展的不平衡，在时间和空间上实现发展的公平性，共同走向富裕。

4. 交通运输的发展促进了生产力的合理布局

交通运输体系的布局与发展，对我国生产力布局和区域协调发展具有重要的有时甚至是关键性的作用。在总体上看，我国生产力的布局应有利于促进产业结构与空间结构的协调，实现东西互补、南北联动的区域经济协调发展格局的形成。高效的综合运输网络体系，可以促进自然资源的合理开发和利用，保障生产力布局战略目标的实现。交通运输的发展可以有效解决自然资源、劳动力、生产设施等生产要素相分离的矛盾，因而开辟了国土开发、城乡联系、产业联系以及地区之间交流的途径。

5. 交通运输的发展促进了产业结构的调整和升级

交通运输作为经济全球化的最初推动力之一，促进了国际间的合作与交流，从而带动发展中国家的产业结构的升级。产业结构的变化，必然导致经济结构、生产结构和产品结构等的深刻变化。这些变化的发生，反映了经济发展的客观规律性，也是我国经济逐步摆脱过去传统的单纯依靠增加资源消耗实现经济增长，转向依靠科技进步和合理有效利用资源而实现经济增长，即实施可持续发展，实现经济增长方式的根本转变。交通运输在我国产业结构调整中扮演着重要角色。在由铁路、公路、水运、民航和管道等运输方式组成的综合运输系统内部，必须做出适应产业结构变化的运输结构的调整，特别是高效、快速的交通运输，以适应加快高科技产品的流动，降低工农业产品流通及消费成本，满足人员流动数量和质量的要求。

(二) 交通运输对资源的占用

交通运输的存在与发展都是依托于土地的占用和能源与各种材料的利用上。交通运输对资源的占用包括两方面：一是交通运输工具及基础设施的建设需要消耗大量的自然资源和原材料，特别是不可再生的资源；二是交通运输消耗的能源，特别是石油产品占其生产量的较大部分。交通运输中使用的资源主要有土地、水资源、木材、钢材、水泥等建筑材料，以及石油产品等能源。

第二节　交通运输可持续发展中的环境保护

不断提高的交通量，特别是私人汽车的交通量，刺激了经济的增长却严重危害了环境；制造业的全球资源共享和物流业的迅猛发展降低了产品的制造成本，但因为很多原料和产品比以前运输距离更长，花费在运输上的费用又有增加的趋势，这些次数频繁、路途遥远的运输无疑对环境产生不利的影响。现代运输业在给人类社会带来正效应的同时，也给人类带来社会负效应。首先，运输业引起的大气污染、水污染及噪声污染已成为世界三大公害，对土壤的污染也很严重，尤其在工业化国家已成为普遍问题，引起人们对环境保护的重视；其次，运输业消耗了大量的能源，是现代社会中主要的耗能部门。因此，人类社会在发展的同时要充分考虑到运输业对环境的影响和能源消耗的问题。

一、交通运输对环境的负效应

随着人口的增长与机动车保有量的急剧增加，交通运输以其巨大的能源消耗，给自然环境和人类的生活环境造成了严重的污染。

（一）运输与交通公害及其表现形式

交通运输对环境的有害影响称为交通公害。所谓公害，一般包括大气污染、噪声、振动、水质污染、土壤污染、地面下沉、放射性辐射和电波危害等。公害有别于自然灾害，但也同样给人的健康和生活环境带来危害。交通公害主要包括：汽车、火车、飞机、轮船等运输工具的排气造成的大气污染；运输工具的运行产生噪声和振动；船舶的排水和管道事故造成水域污染；运输线路和运输设施对周围环境的噪声等。交通公害的表现形式主要有以下七点：

1. 大气污染

大气污染是指人类活动排出的污染物扩散到室外空气中，对人体、动植物和器物产生不利的大气状况，而混入大气的各种有害成分统称为大气污染物。

在运输工具的排气中，除了排出的水蒸气和二氧化碳外，还有许多有害成分，如一氧化碳、未完全燃烧的碳氢化合物、氮氧化物、铅化合物、硫化物和浮游性尘埃等。

一氧化碳是碳不完全燃烧的产物，吸入肺部的一氧化碳可以被血液中的血红蛋白吸收，因而降低固定氧气的能力，高浓度的一氧化碳可能是致命的；碳氢化合物和氮氧化物以及一氧化碳在阳光照射下发生光化学作用会生成光化学烟雾，其成分是以臭氧为主的氧化性相当强的过氧化物，能刺激人的眼睛、黏膜，妨碍动植物的生长，引起多种疾病；汽油中的四乙铅是致癌物质；浮游性固体尘埃和硫化物吸入人体后，会引起气喘和支气管炎等疾病，硫化物也是产生酸雨的主要成分；二氧化碳的增多会使全球气候变暖，导致温室效应。另外，交通工具上使用的空调设备还会向大气层排放大量氯氟烃化合物，使大气层中的臭氧层遭到破坏。对于整个大气污染来说，运输工具是重要的污染源。

2. 温室气体排放

大气中温室气体的增加是温室效应加强、全球变暖的主要原因——不同的温室气体对全球温室效应所起的作用也不同，其中以二氧化碳对温室效应的作用最大，而在产生二氧化碳的人类活动中，交通运输系统排放的二氧化碳占全部人类排放总量的20%以上。减少二氧化碳的排放量，以稳定温室气体的浓度，是交通运输系统面临的必须解决的问题。

3. 交通噪声

噪声就是使人烦躁、令人讨厌、不需要的声音，并希望利用一定的噪声控制措施消除掉的声音的总称。噪声使人或动物感到痛苦，严重的还会损伤听觉。交通噪声是飞机、火车、轮船和公路机动车等运输工具产生的。

汽车噪声由多个声源产生，包括发动机、进气管和排气管、风扇、喇叭、轮胎等各种机械噪声。轮船和火车的发动机及汽笛会产生噪声，火车行驶时与铁轨的摩擦也产生噪声，飞机对人类产生影响的噪声是在其起降时产生的。噪声对人的听觉与视觉系统、中枢神经系统等造成不同程度的伤害，并影响人的心理健康。

4. 交通水体污染

交通水体污染主要是船舶的排污、漏油和事故，港区排到水域内的工业废水和生活污水。另外，疏通河道、修建码头也会对水生物造成影响。

水体的流动性会使污染物随着水流运动和水生物的生活习性而不断转移扩散，并通过水生食物链、饮水和河水灌溉的农作物危害人类的健康，而且影响速度极快，影响极大，治理非常困难。

5. 交通振动

交通振动包括由路面运输工具运行引起的地面振动和由空中运输工具飞行而引起的空气振动。地面交通振动主要因地面不平、轨道有接缝、运输工具运行时冲击地面或轨道而引起的。对人们产生主要影响的空中交通振动发生在飞机的起飞和降落时。交通振动也使人感到痛苦。

6. 交通事故

交通事故不仅给社会造成巨大的经济损失，而且给家庭带来无法挽回的精神痛苦。

交通运输安全应包括两方面：一是人身安全，二是货物安全。人身安全包括使用运输工具的旅客安全和与非使用交通工具的第三方人身安全。运输企业在抓运输生产的同时，必须把安全放在首位。货物安全包括两方面：一方面是因交通事故和运输责任造成的货物火灾、被盗、丢失、损坏、腐坏、污染、湿损、票货分离等；另一方面是不太为人们所重视的货物运输过程中的自然损耗。

7. 交通拥挤

交通运输的迅速发展使得交通拥挤成为世界性的大问题。交通拥挤不仅造成无效的等候，浪费时间，使运输系统的效率下降，并成为诱发交通事故的重要因素；还降低了燃料的利用效率，增加了污染物排放量，因为交通拥挤时燃料不完全燃烧形成的污染物排放量远远大于正常行驶时的污染物排放量；而且，拥挤路段车辆大量积聚，使该路段的污染物浓度明显大于其他路段。城市车辆堵塞的同时还造成高额的"拥挤成本"等。

因此，可持续发展的意义就在于人类获得自身发展的同时，对发展带给人类的负效应有针对性地从时间和空间尺度上加以限定，使人类走上人与自然协调发展的道路。

我国人口众多，人均资源占有量低，生态环境比较脆弱。新的经济发展目标和当前的实际情况要求我们将经济发展目标和实际情况同资源、环境、人口等多种因素结合起来，统筹考虑，走靠内涵扩大再生产之路，提高科技进步在经济增长中的贡献率，开发低投入、低污染或无污染、高产出、高效益的产品，从而实现良性循环。转变经济增长方式，走可持续发展的道路是中国富国强民，实现现代化的唯一出路。

（二）交通运输对环境的影响分析

交通运输对环境的影响包括废弃物排放，如汽车尾气及其中的铅污染、船舶的生活垃圾及油污染、噪声等。

1. 汽车尾气是交通运输产生的突出环境问题之一

汽车排放的二氧化碳之外的其他气体如一氧化碳等浓度也明显升高。汽车集中于城市，致使汽车排放的这些气体对城市污染源贡献率发生结构性的变化，即从原来的以煤烟型污染为主转变为以机动车排放的尾气为主，其分担比例已与发达国家相近，说明我国汽车尾气正上升为城市的主要污染源。

2. 噪声污染

对不同交通运输方式噪声污染强度的研究对比发现，噪声污染平均强度以公路为重，次噪声强度以飞机为最。运输等量货物或旅客，铁路的噪声只有公路的 $1/2 \sim 3/4$。

噪声污染是局部性的环境问题。近年来对公众关注的环境问题调查表明，噪声已经成为城市居民最为关注的环境问题，因而也是投诉最多的环境问题。噪声污染对人体健康产生很大的危害，需要在交通运输基础设施建设中采取适当的防护措施，如建造隔音墙等，避免噪声对居民健康产生危害。

二、交通运输发展与环境保护

交通运输的可持续发展要求其发展既要满足当代人的交通需求，又不能损害后代人满足交通运输需求的能力，可将环境承载力作为判断交通运输系统与环境之间协调程度的依据。

环境承载力是指某区域一定时期内在确保资源合理开发利用和生态环境良性循环的条件下，资源及环境能够承载的人口数量及相应的经济社会活动总量的能力和容量。

环境承载力在很大程度上取决于环境标准、环境容量和人类的生产活动方式等方面。环境承载力说明在一定的条件下，环境对人类社会经济活动的支持能力是有限度的，一旦超过了环境容量的极限，要恢复是很困难的，有时甚至是不可逆的。因此，交通运输系统的发展应实现与自然环境的协调，走可持续发展之路。

(一) 交通运输规划与环境保护

为保护环境，在交通运输规划中，首先，必须处理好交通基础设施及交通线路的建设与自然环境间的相互协调，尽量避免对具有生态价值的植物、野生动物和地形地质等构成的自然生态系统的破坏，特别注意国家级以上保护区的保护。

其次，在交通规划时，应通过各种有效措施来控制和减少公害。如在城市交通规划中，可以通过优先发展公共交通（如公共汽车、轨道运输等）和优化公交线路来减少大气污染。

最后，在交通运输规划的项目评估中，必须将环境污染和生态破坏造成的损失作为社会效益的一项指标，包含在评估工作中。

(二) 交通运输技术与环境保护

在交通运输领域发展轻污染技术和污染预防及应急技术对保护环境有重要作用。在轻污染技术方面，如在铁路运输中发展电气化运输，在汽车运输中改进发动机结构、发展代用清洁燃料、研制绿色环保汽车和太阳能汽车来减少对大气的污染；在污染预防技术方面，如在铁路和船舶运输中要开发生活垃圾及污水的处理装置；在污染应急技术方面，如在船舶运输中发生溢油时施放围油栏，使用水面浮油回收船和各种溢油回收装置，喷洒抗溢油化学剂，使用吸附材料，用激光点燃溢油等技术。

（三）交通运输管理与环境保护

要控制和减少交通公害对环境的影响，必须制定有效的法律和行政管理措施，如使用无铅汽油、划定禁止鸣笛区、污染严重超标及超过使用年限的车辆强制报废，以上可依照相应法律和行政手段强制实行。

第三节　交通运输可持续发展的资源环境

一、交通运输的资源消耗

自然资源是人类赖以生存和发展的物质基础，是人类生活和生产资料的最基本来源。人类社会的可持续发展与自然资源的供给状况、开发利用和保护程度密切相关。由于人口增加、经济和社会发展，人类对自然资源的需求和消耗不断增加，自然资源大幅减少、退化和枯竭，资源短缺已经成为经济和社会发展的制约因素。如何开发利用和保护自然资源，确保资源的可持续利用，是当今世界各国所面临的重大问题。

交通运输的资源消耗，主要表现为运输发展所需的土地、原材料以及运输的能源消耗。在土地占用方面，尤以汽车运输为最。不仅在城市，就是城间道路，也占用了相当数量的土地资源。而更为引人注意的是另一项资源——交通运输所消耗的能源。可以说，现代强大的交通运输系统是由巨大的能源消耗去驱动的。在发达国家，私人小汽车的普及，使其交通运输能耗在整个国家的总能耗中占有较高的比重，而且其交通运输能耗均是以石油资源为核心的。能源问题已成为全球共同面临的问题。

二、交通运输的资源利用

资源利用问题是可持续发展的一个重要内容，也是促使人们研究可持续发展的一个重要因素。人类对自然资源无节制的使用，高资源消耗的生产和生活方式，已使地球的部分资源面临着枯竭的危险，资源已不再是取之不竭的。资源的利用是摆在各国、各行各业面前的迫切问题。交通运输业自从成为一个独立的物质生产部门之后，一直是大量消耗资源的行业，尤其是对能源的严重消耗，一些主要发达国家能源的30%以上被交通运输业消耗掉。交通运输的资源利用问题成为研究可持续发展的重要内容之一。

　　交通资源是指交通运输赖以生存和发展的物质基础，包括交通运输的自然资源、资本资源和人力资源，这里特指其中的自然资源，如土地、能源、金属材料等。为研究交通运输可持续发展问题，根据交通运输资源能否再生，分为可再生资源和不可再生资源两大类。

（一）可再生资源

　　可再生资源是指能够通过自然力以一定增长率保持或增加蕴藏量的自然资源。如太阳能、大气、森林、鱼类及各种野生动植物等，可再生资源又可以分为可再生商品性资源和可再生公共物品性资源。可再生商品性资源的财产权可以确定，能够被私人所有和享用，并能在市场上进行交易，如私人的土地、森林等。它具有产权明确（资源拥有者的各项权利明确）、专有性（资源带来的效益和费用都作用于资源所有者，只有通过所有者才可交易资源的所有权和使用权）、可转让（所有权可以从一个所有者转移到另一个所有者，从而实现有效配置）和可实施（保证资源免于他人的侵犯，侵犯产权者得到的惩罚大于破坏权利可能得到的最大好处或期望的非法收入）等特点，可再生公共物品性资源是指不为任何特定人所拥有，但是能为任何人所享用的可再生资源，如空气、公海的鱼类等。它具有消费不可分割性或无竞争性（某人对某物品的消费完全不会减少或干扰他人对同一物品的消费）、消费无排他性（不能阻止任何人免费消费该物质）等特点。

　　可再生资源可以通过大自然的作用生殖繁衍，进行新陈代谢，不断循环得以开发利用，但是如果在一定时期里耗用过度，就可能打断资源再生循环的"链条"，使其更新过程受阻，蕴藏量不断减少，以至于枯竭。不同的可再生资源，其再生恢复的速度是不同的，如自然形成的 1 cm 厚的土壤腐殖质层需要几百年，砍伐森林的恢复一般需要十年到百余年。只有个别的可再生资源的数量不受人类活动的影响，如太阳能。对于可再生资源的可持续利用主要是合理调控资源使用率，实现资源的永续利用。因此，对可再生资源的消耗速度应小于这些资源的再生恢复速度。同时，应不断增加社会投入来加速其恢复和再生，以满足社会经济发展对资源不断增加的需求。

（二）不可再生资源

　　不可再生资源主要是指在任何对人类有意义的时间范围内，资源质量保持不变，资源的蕴藏量不再增加的资源（如矿物燃料）。不可再生资源按照能否回收分为可回收资源和不可回收资源。使用过程不可逆，且使用之后不能恢复原状的不可再生资源是不可回收的，主要指煤炭、石油、天然气等矿物燃料（能源），这类资源被使用后就被消耗掉了。例如煤炭，一旦燃烧变成热能，热量便消散到大气中，变得不可恢复了。不可回收的特性决定了不可回收资源的耗竭速度必然大于其他资源，减缓不可回收资源耗竭速度的重要措施是提高资源的利用率。由资源制造出的产品的效用丧失后，其大部分物质还能够回收的为可回收的不可再生资源。一般金属矿物资源属于可回收资源，例如汽车报废后，汽车上的废铁可以回收利用。资源的可回收利用程度是由经济条件决定的。只有当回收利用的成本低于新资源的开采成本时，回收利用才有可能；即便可以回收，由于可回收资源不可能100%地循环利用，最终仍将无法逃脱被耗竭的命运。对于可回收资源，随着科技发展和进步，一般可以"扩大"（提高资源的回采率）矿产资源可供利用的储量和回收利用程度来减缓可回收资源的利用。不可再生资源因为是不可再生的，它的可持续利用实际上就是最优耗竭问题，即解决在不同时期合理配置有限的资源问题和如何使用可再生资源替代不可再生资源问题。资源合理配置的目标是使资源利用净效益的现值最大化。

交通资源与其他资源一样，也存在其固有的客观属性，具体表现为以下四方面：

1. 稀缺性

资源之所以称为资源，是针对人类的需要来说的。资源与人类社会系统的关系是不可逆的，它从本质上规定了资源的"单流向"特征，即资源只能是供体，社会系统是受体。而作为供体的资源总是被消耗的，只要是被消耗的也就总是稀缺的，即使是可再生资源，当社会需求的增加速度超过其再生增殖能力时，同样也会表现出稀缺的特征。

2. 竞争性

竞争性来源于稀缺性，资源的竞争性表现在两方面：其一，在众多资源构成中，人类社会努力选择在其应用上最为合适的，在经济上最为合算的，在时间上最为适宜的那一类资源，这种选择本身就体现出了竞争的内涵；其二，在众多需求者中，不同程度地需要同一类资源。因此，资源供体的优劣和稀缺特征，必然会在资源受体之间引起对于资源供体的选择及占有等一系列复杂的竞争现象。

3. 不均性

资源的质和量往往不可能均匀地出现在任一空间范围，它们总是相对集中于某些区域。在这些资源集聚的区域里，或者是资源的密度大、数量多，或者是质量高、易于开发利用。所以，资源总是表现出其自然本质上的差异性和地理分布上的差异性，这也是资源之所以稀缺的一个重要原因。

4. 循环性

自然界中，各类资源之间是相互联系的，彼此按照各自所固有的规律运动，并保持一定的平衡关系。例如自然界中的水，在太阳辐射的影响下，不断地进行循环。海洋中和大陆上的水，经蒸发成为水蒸气进入大气圈，随着空气的运动，在适当的气候条件下，以降雨雪冰雹的形式回到地面，汇入海洋，并部分渗入地下，这就构成了自然界中水的循环。所以只要保持水体循环系统及其平衡不受破坏，水是不会枯竭的。但是，如果水体循环受到破坏，失去平衡，就会引起某些地区水源枯竭，出现水荒。如对地下水的取水量超过其补给量，就会造成地下水位下降，甚至引起地面沉降。交通资源也如同水资源一样，在使用的同时必须及时补给，以避免资源枯竭。

在我国交通运输等基础设施建设中，综合考虑协调力度不够，公路、铁路、城市轨道、机场等的建设没有综合统筹考虑，加上体制原因和无序竞争，重复建设现象严重，土地浪费现象突出。如高速铁路比高速公路更节省路面、节约能源、运量大、速度快、安全性能好。港口岸线是港口建设的基础性资源，是国家宝贵的不可再生战略资源，也需要以可持续发展的观点去开发利用，考虑到社会的可持续发展，除了采取节能措施之外，寻找新的可再生能源和清洁能源也是必然的发展趋势。

三、交通运输对资源与环境影响的评价

（一）交通运输对资源与环境影响的评价指标

为了反映交通运输方式在可持续发展的前提下对资源与环境的影响和消耗状况，并对交通运输方式对可持续发展的适应度做出评价，可将评价指标按资源、环境、能源分为三类：

1. 资源指标

（1）土地利用效率：对于公路和铁路，可通过占用单位横截面宽度所实现的道路通行能力来加以表征；对于航空和管道运输，其占地主要体现为起终点站的占地。

（2）相对在途时间：以时速的方式加以反映，但应将等待、转车以及事故损失时间计算在内。

（3）全寿命造价：考虑在建设、使用和维护以及淘汰的全寿命周期内各种交通运输方式工程造价的大小。

（4）工期：工程建设工期。

（5）建设难度：定性分析，一方面反映交通项目建设对于地理及区域的适应性，另一方面反映交通项目建设对生活、生态的影响程度。

（6）边际耗竭成本：反映在现有基础上单位交通量（或运输能力）的增量引起资源消耗增加的水平。

2. 环境指标

（1）废气排放：以 NO_x、CO、光化学烟雾、CO_2、SO_2 五种典型废气污染指标，结合

国家环境标准进行评价。

（2）噪声：在相对确定的影响范围内，以分贝等级来评价。

（3）振动：定性分析。

（4）地域隔断：定性分析，反映地域因交通建设而产生的生活不便和区域隔断影响。

（5）水污染：以综合指标生化需氧量 BOD、化学需氧量 COD 为标准。

（6）生态效应：反映交通建设和运营对通过区域自然生态和社会生态结构的影响。

（7）边际环境成本：反映在现有基础上单位交通量（或运输能力）的增量引起资源环境综合影响的水平。

3. 能源指标

（1）耗能指标：kJ/人·km，或者是 kJ/t·km。

（2）能源的可替代性：寻求各种交通方式使用能源的广度，以影响其生命力。

（3）能源的生成与转化方式：对能源的产生进行分析，从而对能源的隐性消耗加以比较分析，比如电能，其主要来源是火力发电、水力发电和风能发电，隐性消耗就是煤、水能和风能。

（4）能源的发展前景：从能源的将来可利用性指标入手分析能源和交通方式的选择。我们是在可持续发展的背景下来确定评价指标的，所以评价指标不仅局限于反映污染程度的量化性指标，还将反映社会、经济发展以及人居环境、生活水平的指标包含进来，使其能够更好地反映可持续发展的要求。

（二）交通运输对资源与环境影响的评价方法

建立了评价指标体系后，就需要对交通运输方式对资源与环境的影响程度进行评价。首先应确定各评价指标值，然后将各评价指标分为可量化指标和不可量化指标，对量化指标我们可以通过调研、计算或建立模型加以确定，对不可量化指标则主要通过定性分析手段加以评定，然后再统一进行分析。

1. 指标确定

量化指标有土地利用效率、在途时间、全寿命造价、工期、边际耗竭成本、废气排放（单位 mg/m^3）、噪声、水污染（mg/L）、边际环境成本、耗能指标（$kJ/人·km$）等。其中，土地利用效率、在途时间、工期、耗能指标比较易确定；废气排放评价可以通过确定平均排放因子，得到一般状况下污染排放量；全寿命造价则可以在交通项目经济评估的基础上，将各使用年的维护、事故处理费用折入现值，得到量级数据；噪声确定可利用噪声扩散模型计算，也可以现场监测；边际耗竭成本不等同于单车油耗，它还包括运载设施的资源消耗，反映在当前情况下交通方式的可发展性；边际环境成本是在现有交通量的状况下，反映环境影响与环境容量的关系。

不可量化指标有建设难度、地域隔断、振动、生态效应、能源的可替代性、能源的生成与转化方式、能源的发展前景。对于这些指标，可以根据其影响程度给定几个等级来加以确定。

2. 评价方法

（1）德尔菲法

德尔菲法是专家评分法的一种，目前在一些政策性较强、不易量化的评价中广泛使用。为利用上述指标体系对各种交通方式对环境与资源的影响（包括能源和生态）进行评价，给出最为适应资源与环境发展的交通方式和最有效的交通结构体系，需要对德尔菲法进行一定的扩展，其主要步骤是：

第一，确定由各方技术人员组成的专家组，应包括交通工程专家、环境专家、国土及能源问题专家、生态专家、生态环境部主管人员、交通部门管理人员等。

第二，对各指标的重要性给定评定等级，如非常重要、重要、一般、不重要、很不重要，请各方面专家对各指标进行重要性选择，将相对重要性结果进行容错分析后转换成权重系数。

第三，对指标系列（量化和非量化）确定评分标准，如大气污染的评分可与国家标准相对应；非量化指标的评分可根据其影响程度人为确定。

第四，由专家组对指标体系进行打分，形成二维表进行统计处理，得到各指标得分和各交通方式对环境影响的总得分，可以确定最为适应资源与环境发展的交通方式。

第五，将全寿命造价和土地利用效率加上能源发展前景总和作为限制条件，将总得分最大作为目标函数进行最优性评价，从而得到最为适应资源与环境发展的最有效的交通结构体系。

（2）广义费用效益分析法

费用效益分析法是发展中国家环境影响评价（EIA）的一个新倾向。这种方法的提出是基于这样一种考虑：在发展中国家，EIA 必须首先对利用天然的和人工的资源进行评价。因为开发项目需要或损害这些资源（广义的成本），或者产生和带来效益（广义的效益），并与区域的可持续发展规划密切相关。

这种方法实质上就是在现有的指标体系基础上，将相应的指标货币化，并在交通项目全寿命周期内的效益和费用中增加资源与环境成本、效益的内容，统一进行分析与评价，从而体现一种交通方式的经济、社会和资源与环境的协调发展。

这种方法关键在于货币化技术的应用。货币化技术的应用在社会成本效益分析中具有重大的意义，这是由货币化技术以下三个优点决定的：首先，货币化表现社会成本效益，其成本具有明显的社会经济含义，尽管同一种货币量对于不同的对象具有不同的意义；其次，货币化使成本效益分析变得易于操作，且存在较强的对比意义，有利于决策判断；最后，资金利率的存在使得评价结构易于在时间序列上进行比较，也使得新型环境评价能够实现其动态平衡。在上述的指标体系中：

全寿命造价，本身就是货币形式，而且是费用效益的重要组成部分；

在途时间，有成熟的时间货币化手段，即时间价值，可用社会平均时间收益来转化；

工期和建设难度，均可归属于全寿命造价；

土地利用效率，可通过土地转换为其他利用形式的利用效率来等效，或者由土地管理部门确定其土地开发价值来货币化；

废气排放和水污染，可通过交通方式对环境造成污染，虚拟建立处理设施并运行降到环境本底值所需的费用来作为环境成本；

噪声，与废气排放类似，虚拟建立路旁或建筑外墙吸声墙或板带，降低噪声到符合国家标准所需的费用作为噪声成本；

耗能指标，能源的费用从开采、处理到运输都比较易计量，但是，从可持续发展的角度，对于一次性能源应在基本费用的基础上乘以一个系数（$\omega \geq 1$）；

能源的可替代性、能源生成与转化方式、能源的发展前景，可通过对能源基本费用乘以一系列的经验系数 α、β、γ 来进行表征；

生态效应，主要表现为：植被、生物两方面，除计量植被市场费用外，还需要根据植被对我国的特殊意义乘以系数，生物的直接费用很难计量，可交由动物保护组织进行评估。

货币化方法形式较多，且缺乏统一的标准，是目前广义社会费用效益分析法使用受限的主要原因。

第四节　我国城市交通的可持续发展

一、城市交通的环境的影响

（一）城市交通的概念

城市交通是实现人流、物流、车流和部分信息载体的空间位移并到达一定目的地的基本手段，是整个城市生活从静态转入动态，完成城市生存发展所必需的多种活动的主要保证，是重要的城市基础设施。

城市客运交通系统研究的主要对象是公共交通。城市公共交通是指在城市及其近郊范围内为方便居民和公众的出行，供人们使用的经济型、方便型的各种客运交通方式的总称，它是城市客运交通体系的主体。

城市客运交通系统中各种交通方式之间既有竞争，又有联合与协调。当公共交通不能达到应有的服务水平时，私人交通就会过量发展而损害城市的整体效益。除了采取各种措施限制私人交通外，主要是大力发展公共交通。依据社会、经济、生态环境可持续发展的目标，大多数城市将规划并建立以公共交通为主体的城市客运交通系统，作为城市与交通系统的建设目标。

（二）对人类生活环境的影响

随着人口的增长和汽车数量的急剧膨胀，交通运输业给生态环境造成了严重的危害，城市污染物中有60%以上来自汽车尾气。在我国由于汽车性能差，单车污染排放量很大；又由于城市高楼林立，绿化不足，空气对流不畅，汽车废气不易扩散和净化，这些都造成城市大气环境中臭氧浓度严重超标，使城市环境恶劣程度加剧，严重影响人们的生活质量和生存环境。近年来，许多城市经常出现的雾霾现象也是城市空气质量差的重要表象。另外，交通噪声是城市噪声的主要来源，几乎占了80%，对人们的身心健康产生极大的危害。

中国城市交通可持续发展还面临着经济社会快速发展引发的旺盛的运输需求、城镇化和机动化快速发展、居民多样化出行需求、城乡交通一体化、现行的管理体制障碍等挑战。

公共交通具有速度快、容量大、耗能少、污染低等优点，大力发展公共交通对环境的保护是十分有益的。

（三）对人类生活环境的影响

随着人口的增长和汽车数量的急剧膨胀，交通运输业给生态环境造成了严重的危害，城市污染物中有60%以上来自汽车尾气。在我国由于汽车性能差，单车污染排放量很大；又由于城市高楼林立，绿化不足，空气对流不畅，汽车废气不易扩散和净化，这些都造成城市大气环境中臭氧浓度严重超标，使城市环境恶劣程度加剧，严重影响人们的生活质量和生存环境。近年来，许多城市经常出现的雾霾现象也是城市空气质量差的重要表象。另外，交通噪声是城市噪声的主要来源，几乎占了80%，对人们的身心健康产生极大的危害。

中国城市交通可持续发展还面临着经济社会快速发展引发的旺盛的运输需求、城镇化和机动化快速发展、居民多样化出行需求、城乡交通一体化、现行的管理体制障碍等挑战。

公共交通具有速度快、容量大、耗能少、污染低等优点，大力发展公共交通对环境的保护是十分有益的。

二、公共交通优先发展政策

公共交通优先是指有利于公交发展的一切政策和措施，一般涉及四方面：公共交通设施用地安排优先、公共交通的道路使用权优先、交通管制措施体现公交优先、公共财政要向公共交通优先转移。

（一）制定有利于公共交通发展的管理政策

1. 推行鼓励使用公共交通的法律法规。如法国公共交通营运成本的赤字由地方政府通过征收特别税来弥补。

2. 设立公共交通发展专项基金，用于公共交通项目的投资。上海浦东新区通过公共交通发展专项基金，推行环保型公共汽车使用。

3. 建立公共交通专营权制度。香港特别行政区政府通过区域公共交通专营权制度，使公共交通服务成为有限竞争的行业，平衡运营公司与社会的利益目标。

4. 对非公共交通方式的限制，包括对各种小汽车购买和使用的限制。

（二）对公共交通的财政支持与补贴

通过公共财政对公共交通进行补贴和补偿，保障公共交通的可持续发展，使公共财政发挥最大的经济、社会和生态效益。城市轨道交通、公交综合换乘枢纽、首末站等公交基础设施应列入政府财政预算并优先安排。根据不同公共交通方式的特点，评估其社会效益和外部效益，通过不同方式给予公共交通财政上的支持。

（三）合理制定公共交通票价和票制

公共交通票制和票价的制定，体现政府的公共交通发展政策，是支持公共交通优先发展的重要途径和有效手段。

制定票价首先需要评估各种交通方式的总成本，包括经济投入及对环境污染、道路堵塞带来的影响；其次要评估乘客使用不同交通模式的平均出行成本。评估目的是了解各种交通模式的综合成本与收入，以便制定合理的票价政策，增加公共交通的吸引力。同时，根据公交企业运行成本的核定，为可能的公共交通补贴提供依据。目前许多城市推行的公共交通"一卡通"，计费方式考虑了不同公共交通方式间的一致性和协调性，实现了票务系统的通用性，降低了乘客换乘导致的价格损失，有利于公共交通吸引力的提高。

(四) 道路使用的公共交通优先政策和措施

公交优先措施涉及道路资源的重新分配，即在各种道路设施用户之间的利益权衡。与增加设施投资与运营投资来改善公交服务相比，公交优先是一种有重点的、低成本、高效益手段。

在现有的技术条件下，道路使用的公共汽车优先措施包括：优先通行，改善通行时间及可靠性；设置公共汽车专用车道；在单向道路系统中，允许设置逆向的公共汽车专用道；在道路宽度受到限制的中心区设置公共汽车专用道路；交叉口信号控制设公共汽车专用相位；交通控制系统在交通信号协调时优先照顾重要的公共汽车专用道。

(五) 城市公共交通节能性实施策略

1. 有序推动新能源公交车辆的推广应用

公共交通企业在更新和购置新车时，应以节能环保型车辆为主，积极购置天然气车辆、混合动力、燃料电池等新能源车辆，有序发展节能环保的电车系统。

2. 加强公交一体化建设，提高系统运行效率

加强各公共交通方式的建设和相互间衔接，构建多层次一体化的公共交通系统，为乘客提供全方位的出行服务，有利于提高公共交通在城市交通系统中的出行比例，大幅降低能源消耗，实现城市交通系统的可持续发展。

3. 完善政策保证措施，有序构建配套机制

加强天然气车辆应用的配套设施建设；在道路时空资源分配方面向公共交通倾斜；完善公共交通企业新能源汽车更新补贴机制，将公共交通节能减排纳入公共财政，避免增加企业运营负担，提高企业节能环保积极性。同时，政府应合理规划并投资建设新能源公共汽车所需的补给站和维修设施，降低新能源汽车的运营成本。

三、可持续发展的城市客运交通

(一) 城市交通可持续发展的主要特征

可持续发展的城市客运交通系统是以较小的资源投入、较低的能源消耗、较小的环境代价、最大限度地满足社会经济发展和人民生活水平提高所产生的交通需求的城市综合客运交通系统。该系统应该具有如下主要特征：安全、畅通、舒适、环保、节能、高效率和高可达性。这里的高效率是指城市各种客运交通方式合理分工、无缝衔接、无效出行少、

行程时间短。高可达性是指城市客运交通系统的覆盖率高、利用方便、可选性好，体现公平性原则。

（二）城市公共交通与环境保护

我国国情决定了仅仅依靠架桥修路和传统的管理方式去解决交通拥堵问题，不仅成本高昂，而且效果十分有限。因为暂时的畅通会刺激车辆的增加，从而形成新的拥堵，造成更大的污染。只有有效合理地利用现有资源。通过对交通需求的政策性调整，加强对城市交通的控制和管理，提高道路的利用效率，使有限的资源发挥更大的效力，才能更有效地控制污染，改善交通环境。

尽管减少机动车尾气排放可采取提高新车设计标准、加强在用车辆的检测和维护、研究推广机动车尾气排放控制技术、提高燃料质量等方法，但这些措施的效果最终都可能被世界范围内的机动车数量和行驶里程的增加而抵消。要降低机动车行驶里程，可采取开辟载客量多的车辆专用道，开发大运量运输系统，设立机动车免进区，限制在拥挤地段驾驶机动车等，其中最主要、最有效的措施就是优先采取公共交通方式。发展公共交通有利于交通的畅通，与小汽车相比，公共交通无疑是效率效益最高、最环保的交通方式。大力发展大容量、高速度的公共交通，限制小汽车的过度发展，是解决城市交通堵塞和交通污染的最佳选择。

（三）建立可持续发展的城市交通结构

在可持续发展的城市交通系统中，交通结构有着重要的地位，城市资源消耗、环境质量、运输效率等重要规划目标均与城市交通结构有直接的关系。可持续发展的交通结构可以提高交通系统可达性，节约交通费用和建设成本，有利于减少能源消耗，可提高城市空间利用效率，减少机动车污染，有利于城市资源优化利用和城市环境质量的提高，提高交通安全水平，提高交通系统运输能力与运行效率，减少交通拥堵。

可持续发展的城市交通结构应该是以多样化的公共交通系统（轨道交通、公共汽电车）为主体，以辅助交通系统（小汽车、出租车、非机动车等）为有益补充，形成多层次的城市交通立体网络体系。实行公交优先原则，可以大大减少汽车运行的数量，从而减少汽车尾气的排放，解决废气处理问题。

建立可持续发展的城市交通系统的总体思路是：大力建设和鼓励公共交通，满足不同城市居民多层次的需要，具有多样性；完善城市规划组织结构，增强政府职能部门间相互协调；整合城市规划，合理规划城市交通系统；统筹规划城市各功能区域与交通枢纽；坚持公众参与的城市交通规划；构建科学现代的城市交通管理体制。

参 考 文 献

[1] 易振国. 建设交通强国［M］. 北京：中国青年出版社，2022.

[2] 曹凤萍，李伟，赵长利. 交通运输类专业应用型人才培养体系构建研究与实践［M］. 北京：人民交通出版社股份有限公司，2022.

[3] 刘丽艳，王宇楠，相飞. 集装箱运输与多式联运［M］. 2 版. 北京：清华大学出版社，2022.

[4] 帅斌，王宇，霍娅敏. 交通运输经济［M］. 2 版. 成都：西南交通大学出版社，2021.

[5] 鲁植雄. 载运工具原理及应用［M］. 3 版. 南京：东南大学出版社，2021.

[6] 刘露. 物流运输与包装［M］. 2 版. 安徽：合肥工业大学出版社有限责任公司，2021.

[7] 刘建国，田智宇，朱跃中. 中国交通能源与碳达峰［M］. 北京：中国计划出版社，2021.

[8] 刘武君. 综合交通枢纽规划［M］. 2 版. 上海：上海科学技术出版社，2021.

[9] 过秀成. 现代有轨电车交通线网规划与运行组织方法［M］. 南京：东南大学出版社，2021.

[10] 郑红，贾然，周敏. 智慧交通理论与实务［M］. 北京：旅游教育出版社，2021.

[11] 李红华，周文俊，吉立爽. 公路交通运输与经济发展研究［M］. 西安：陕西旅游出版社，2020.

[12] 胡德巧. 中国促进民营经济发展政策［M］. 北京：中国经济出版社，2020.

[13] 孙亚平. 交通工程学［M］. 北京：北京理工大学出版社，2020.

[14] 毛敏，喻翔. 城市群经济发展与区域物流通道运行机制研究［M］. 成都：西南交通大学出版社，2020.

[15] 王星华. 城市轨道交通工程学［M］. 北京：中国铁道出版社有限公司，2020.

[16] 李伟. 城市轨道交通需求分析与线网规划［M］. 成都：西南交通大学出版社，2020.

[17] 李朝阳. 城市交通与道路规划［M］. 2 版. 武汉：华中科技大学出版社，2020.

[18] 李江，夏建国. 交通中国［M］. 上海：上海教育出版社，2019.

[19] 薛峰. 高速铁路运输组织方法与实践［M］. 成都：西南交通大学出版社，2019.

［20］彤新春. 中国交通业发展研究［M］. 武汉：华中科技大学出版社，2019.

［21］钱清泉，高仕斌. 中低速磁浮交通发展战略研究［M］. 成都：西南交通大学出版社，2019.

［22］王忠宏. 高质量发展的中国经济：2019版［M］. 北京：中国发展出版社，2019.

［23］郁长松. 城市轨道交通运营管理［M］. 成都：电子科技大学出版社，2019.

［24］张联权. 城市轨道交通客运组织［M］. 成都：电子科技大学出版社，2019.

［25］盛磊. 中国交通现代化的战略研究［M］. 北京：企业管理出版社，2019.

［26］汪鸣. 交通运输与经济社会融合发展［M］. 北京：中国计划出版社，2018.

［27］夏立国. 交通运输商务管理［M］. 南京：东南大学出版社，2018.

［28］张国伍. 综合交通运输系统工程创新发展与论坛［M］. 北京：北京交通大学出版社，2018.

［29］陈佩虹. 城市交通规划制度研究［M］. 北京：中国铁道出版社有限公司，2018.

［30］吴艳群. 城市轨道交通规划与管理［M］. 成都：西南交通大学出版社，2018.

［31］闵德权，胡鸿韬. 国际集装箱运输商务管理［M］. 北京：首都经济贸易大学出版社，2018.